父母
孩子健康成长的基石

许瑛国/编著

天津出版传媒集团
天津人民出版社

前言

人们常说：家庭是孩子的第一所学校，父母是孩子的第一任教师。这说明家庭是孩子健康成长的基础，而父母则是孩子健康成长的基石。

《父母——孩子健康成长的基石》是一部关于家庭教育的书籍。该书不是系统地阐述家庭教育的过程，也不是讲述家庭教育的理论，而是一部针对家庭教育中的热点，如独生子女的教育、孩子智力的开发、孩子的心理健康、少年犯罪等方面开展讨论的书。

本书的特点是引用了大量发生在家庭教育中成功和失败的案例，案例真实，情节具体、生动，对读者有很强的启发性。全书通俗易懂，可读性强，对年轻父母教育孩子有很大的帮助。

该书应用了有关心理学工作者、教育工作者和家长们的研究成果和经验，在此一并致谢。

目 录

引 子——这是为什么?

请青少年的父母们读一读下文，想一想这是为什么?

假小子考上清华大学

A是独生女，妈妈对其百般疼爱，但从不娇惯，生来吃的是国产普通奶粉，喝的是白开水，穿的大都是同事们送来的旧童装，玩的是朋友孩子玩过的玩具。

A生来性格开朗，顽皮好动，生下几个月就表现出男孩的特点，而不像女孩。早晨穿的干净衣服到晚上已经是脏兮兮的，一件新衣服穿不了三天就开了洞、裂了口。因此，邻居的叔叔阿姨们给她起了个雅号“假小子”。对于这些，妈妈并不在意，没有按传统的女孩标准规范女儿的言语和行为，而是让她顺其发展。

妈妈对女儿寄予很高的期望，因此从小加紧了培养。为丰富女儿的文化科学知识，扩大眼界，从上幼儿园到小学毕业，每个节假日都带她离开小家，走进大自然、走向社会。母女俩走遍了北京的大小公园和郊区旅游景点，反复进出在北京市各博物馆和文化展览会。在这些活动中，妈妈没有要求女儿写一篇游览作文，也没有规定其记参观日记，母女俩只是不停地交流、讨论，甚至是没有结果的争论。女儿在高兴时也记过参观日记，写过游览感想。无论女儿写的水平如何，妈妈都充分肯定，必要时提点建议供女儿参考。

做妈妈的比较关注女儿的生活，特别是饮食，从女儿上小学的第一天开始到小学毕业，六年的时间里，每天早起，为女儿准备早餐，从没有随意给女儿吃早点。中午在学校用餐，晚上尽量调理好女儿的饮食，做到营养合理搭配。

妈妈没有给女儿请过家教，也没有让其参加任何形式的辅导班，只是指导女儿学好课本上的知识，教给其科学的学习方法，提供大量的课外读物给女儿阅读，丰富知识。

功夫不负有心人。女儿以优异的学习成绩走完了小学和中学阶段的路，最后终于考进了清华大学，实现了母女俩的愿望。

“假小子考上了清华大学”成了一段时间内邻居们议论的话题。

“校园十佳”的悲剧

B男，17岁。因某集团公司作为企业支持办学与某市重点高中成为协作单位，B作为该公司职工子弟进入该重点中学高中一年级学习。能进市重点中学读书，家长和本人都感到非常自豪，下决心努力学习，准备考大学。B热爱班集体，关心同学，经常为集体做好事，在学雷锋活动中被评为“校园十佳”。应该说B是个品德好、纯朴、善良的好学生。

但是，由于B的学习基础比较差，重点校紧张的学习氛围，高起点、高密度的课堂教学，令他很不适应。上课经常听不懂，又不敢问老师和同学，怕别人看不起他；想很好完成作业，可经常不会做，又不敢也不愿意去抄别人的作业。学习困难、成绩差，使B非常着急。他加倍努力读书学习，力争摆脱学习困难。由于基础差，努力没有收到预期的效果，导致他精神紧张，心理负担重，内心很痛苦。

父母“望子成龙”心切，看到孩子的学习成绩上不去，就不加分析地继续施加压力，不断教导孩子：能到市重点校学习不容易，一定要十分珍惜；还批评孩子努力不够，要求B停止一切业余活动，把学习放在首位。父母又重新分工：母亲每晚陪读，父亲负责学习参考资料，需要什么就去买、去找……

B从小是个听话的孩子，习惯了父母的严格要求，就是在学习困难大、精神极度紧张、心理压力大的情况下，仍在对自己说：“是我用功不够，我要更加努力，把学习搞上去，不辜负父母和老师的期望……”渐渐地，B出现了异常行为：在课堂上一反过去沉默的状态，总是唠唠叨叨，经常和老师“抬杠”，说老师讲错了，要求重讲。同学们制止他的行为，他一反过去谦虚的态度，不要别人管，“你们不敢说，我敢说，我实事求是……”闹得老师同学哭笑不得。

细心的班主任最早发现了B的反常行为，几次告诉家长孩子出现了心理障碍，并分析了原因，希望家长不要再给孩子施加压力，劝告家长带孩子去心理咨询。家长错误地认为，心理障碍就是精神病，因此，不相信孩子有心理问题，不听班主任的劝告。结果，B的心理障碍越来越严重，发展到整夜不眠，极度兴奋，坚持读书；和父母打闹，要自己读书，不要母亲陪读；半夜到学校打闹，要求住校读书；经常大闹课堂，使教学无法进行；到书店拼命买书，不管是否有用……在这样的情况下，经学校领导一再动员，家长才带B去医院求医。专家告知，

B 由于学习困难、精神紧张、心理压力大，又没有得到及时的心理治疗，已发展成为精神分裂症。到此，家长才同意孩子住院治疗。从此 B 再也没有走出那个医院的大门。

不该发生的惨剧

C 本是个聪明、活泼、可爱的孩子，从小就爱说、爱唱，小嘴灵巧得像黄鹂鸟。上幼儿园时能背诵许多唐诗、宋词，受到周围人的赞扬和羡慕。这为父母增添了不少光彩，同时也强化了其父“望子成龙”的思想。“我的孩子比别的孩子强，长大了要干大事业，绝不是一个凡夫俗子。”因此，对 C 加紧“培养”。

其父的“培养”方针就是严加管教，学习上不断加码。在幼儿园时就让 C 背诗词，学识字，学计算……上小学后，要求更高了，管教更严了。C 放学后，除完成学校老师布置的家庭作业外，还要完成父亲留的大量作业。C 只要回到家里，根本没有玩的时间。父亲也不允许他同别的小朋友来往，更不许下楼，若有违犯，轻则训斥，重则痛打一顿。所以，C 经常乘父亲不在家时趴在窗户口，眼巴巴地看着小朋友们在楼群里跑来跑去，有说有笑。慢慢地，C 以往的天真、活泼和欢乐不见了。他心里难受，也烦恼和困惑，有时还有怨恨。他不明白，为什么别的孩子放学后可以自由地玩，他就不行？为什么念书一定要考大学？爸爸、妈妈没有上过大学，不是也在工作吗？他想不听父亲的话，但他怕父亲，苦于年纪小，不敢正视父亲的威严。就这样一天、一日、一年、两年地忍着……

终于，他小小的身心支持不住了，开始反抗了，在家里直接反抗会挨打、挨骂，到学校就我行我素，上课不认真听讲，经常接下茬，搞恶作剧，扰乱同学们学习，不是把这个同学的笔拿走,就是把那个同学的书扔在地上。同学都纷纷告他的状。当老师找他谈时，他满不在乎，还把父亲对他的要求一一背给老师听。他经常在老师教育他时说:“别说了，别说了，不就是好好学习,考大学吗？还有什么？……”老师对他无可奈何。

而在家里，他却时时受到父亲的管制，完全失去了自由，不许看电视，不许看课外书，不许玩，不许在十点前睡觉……只许学习,学习,再学习。在C的意识里,父亲的字典里只有“不许”。可能是遵循了“物极必反”这个规律，他在父亲的严格管制下，并没有走进父亲为他设计的“蓝图”，而是沿着另一条路，向着另一个方向，越走越远。

上初中后，C的行为表现不但没有好转，反而变本加厉，愈加恶劣。他处处显示自己的力量，不听老师教导，同社会上那些不三不四的人混在一起抽烟、喝酒、偷东西、打群架等，多次受到学校的处分。这时的父亲已无力管教他了，C反而开始向父亲示威，在家里把父亲视为仇人。父亲烦他不争气，没出息，他恨父亲逼他走到了这一步。没有钱花，他伸手向父亲要，不给就破口大骂:“你老东西生了我，就得养我，你想让我上大学？我不想上！我没钱花，你就得给我，不给我我拿刀捅死你……”

有一天,他对下班回来的父亲说:“给我500元钱,有急用。”

“500元？没有。又和你那些狐朋狗友去吃喝？”

“这次是有用，我一个哥们儿打架被人砍伤，住院了，钱不够，向你借点，以后还你。”

“打架砍伤了？活该！还让我拿钱？我的钱是给好人用的，给这种人用，一分没有。”

C这时满腔怒气，一时间，以往父亲骂他、打他、唠唠叨叨地逼他学习的情景一齐涌到脑海里。他当即从腰里拔出一把尖刀，当的一声插到桌子上，吼叫着："你给不给钱？"

"不给。"

"你不给，今天我就一刀捅死你！"

"你敢！"

这时的C完全失去了理智，拔起尖刀就向毫无准备的父亲的胸口刺去。父亲惨叫一声，当时就倒在血泊中，一命归天。因血压高卧床的母亲，听到动静挣扎着从里屋走出来，看见老伴儿躺在血泊里，儿子手拿尖刀，满身是血，站在那里发呆，顿时血压升高，脑血管破裂，倒在地上，再也没有爬起来。一个好端端的家庭就这样毁灭了。

同样是母亲十月怀胎；同样是啼哭一声，赤条条来到这个五彩缤纷的社会；同样是在父母的无限关怀和期望中成长，为什么短短十几年，还没有真正走向社会，A、B、C三少年的结局就有天壤之别呢？您读了《父母——孩子健康成长的基石》之后会得到满意的回答，对您教育管理好下一代会有一定的启示。

第一章

独生子女消极心理的预防与矫正

很多家庭中，孩子呱呱落地就加入了独生子女的行列，特别是城市地区更是这样。

当前对独生子女，从家庭、学校到社会议论纷纷，其焦点是独生子女的弱点，即消极心理。为说明这个问题，请先读两个案例。

成功在哪里？

红红是爸爸妈妈的独生女儿，父母视她为掌上明珠，格外疼爱。在父母的阳光雨露下，红红一天天成长，也更讨人喜欢。

红红在两岁多的时候，妈妈发现她开始挑食，饭桌上只吃自己喜欢的菜，有多种营养丰富的菜她不吃。妈妈是儿童医院的大夫，清楚儿童挑食的危害，因此对女儿采取了措施：吃饭时，饭桌上有女儿最喜欢吃的菜，也有女儿不爱吃的菜，先夹一点女儿不爱吃的菜给女儿，告诉她只有吃了这些菜才能吃她最喜欢吃的菜。开始女儿不吃，对抗的唯一办法就是哭。哭也不行，妈妈在讲简单道理的同时，主要是坚持不让步。慢慢地，红红开始吃饭桌上所有的菜。

上幼儿园后，红红开始挑衣服穿。妈妈的办法是：每个季节都准备几套女儿穿的衣服，向女儿说明，轮流穿每套衣服，不能想穿哪件就穿哪件，只有在生日和节日的时候才能由女儿挑选穿最喜欢的衣服。

妈妈很注意红红的劳动习惯的培养，小时候母女俩一块儿收拾玩具，妈妈扫地时女儿负责拿笤帚、簸箕，大一点了和妈妈一起摘菜，吃饭时拿筷子……8岁的红红已经能熬粥、焖米饭了。妈妈是市政协委员，经常离家去开会，每次都是由读小学的红红为妈妈准备开会所用的一切东西……

8月的一天，刚考上大学的红红的表姐来找姨妈，一进门就哭了，说是爸爸妈妈都出差了，没有给她准备好上学用的东西，只留下了钱，下周就要去报到，她不知该怎么办。红红不假思索地说："姐姐，你别着急，下午我和你一起去买你上学要用的东西。"下午姐妹俩从商场买回了不少日常生活用品：牙膏、牙刷、肥皂、化妆品、喝水杯、碗筷、洗换的内衣……

红红是班里的少先队中队长，班主任李老师说，红红学习优秀，也很懂事，特别是眼里有活，动手能力强。就拿班里的环境卫生来说，她指挥全班同学把教室和班里负责的校园环境卫生搞得干干净净，学校的"卫生流动红旗"基本上挂就在我们班里，就是偶尔"流"走一次，下次肯定能"夺"回来……

失败在哪里？

冬冬是独生子，生活在一个比较富裕的家庭，同别人家的独生子女一样，受到父母的格外疼爱。所不同的是为了照顾好冬冬，妈妈从怀孕时就弃了职，还请了保姆，直到冬冬初中毕业。

冬冬从小就由妈妈带着进出各家饭馆，可以说吃遍了住地周围的大小饭馆，美味佳肴。冬冬最爱吃的是麦当劳的各种小吃、肯德基的炸鸡。到冬冬懂点儿事，会说话时，去哪儿吃，吃什么，由他指挥。有时家里饭已经做好了，端上了桌，冬冬说："不吃，要吃麦当劳。"爸爸妈妈就马上带他去……

一天，冬冬父母的朋友来访。午间，饭菜刚刚摆好，冬冬不等家人坐齐便用脏兮兮的小手将扒鸡的大腿扯下塞进嘴里。爸爸见状笑着说："我这儿子就爱吃鸡大腿。"吃饭中，冬冬无意中夹了一筷子木须肉，妈妈立即喝道："贱骨头，这是昨天的剩菜，来，吃这个！"边说边往孩子碗里夹炒猪肝、虾片……孩子的姥姥见状赶忙把剩菜移到了自己的面前。冬冬可能是急着去玩，很快就吃完了饭。他走到刚刚忙完准备吃饭的小保姆跟前说："阿姨，我的鞋带开了。"爸爸的朋友不解地问："都三年级了怎么还让阿姨系鞋带啊？"想不到冬冬理直气壮地说："她到我们家来就是干活的！"小保姆默默地放下筷子弯下腰去……冬冬的父母竟无动于衷，仍然谈笑风生……

冬冬读小学四年级时，学校要举行"巧手比赛"。头天下午，冬冬放学回家书包都没来得及放下，就说："妈妈，明天下午老师叫我们组的同学表演洗手帕，还要请家长参观，我还不会洗，怎么办？"妈妈安慰孩子说："多练习几遍，准能参加表演。"晚上，冬冬找来几块小手帕，反复地洗，一边洗一边说："妈妈，您看我洗得多干净，明天准能得第一。"谁知第二天上午放学一进家门，冬冬就着急地说："妈妈，下午的巧手比赛，老师叫我们组表演穿衣服了。"妈妈听了也有点着急，因为儿子长这么大从没有自己穿过衣服，都是由她帮忙穿的。但她还是安慰儿子说："冬冬，不要紧，等吃完饭，我们再多练习几遍穿衣服，不就行了吗？"儿子点点头，紧张的情绪稍微松了一点儿。冬冬赶紧吃完饭，就开始突击练习，虽然能对付下午的比赛，可又不无担心地说:“妈妈，如果下午又换一个表演项目怎么办?”妈妈心里也有点担心，但还是说:“不会的，你放心。”儿子还是一个劲儿地说:“万一再换，我连练习的机会都没有了。”

事情也就这么巧。当比赛轮到冬冬小组时，老师要求他们穿好衣服并戴好红领巾。“预备，看谁最先穿好衣服，戴好红领巾。”老师的话音一落，别的同学满面笑容，赶紧按老师的要求去做，冬冬却是愁容满面。不一会儿，别的同学已经穿戴完毕，而冬冬却刚把衣服穿好，手拿红领巾站在那里发呆，因为他不会戴红领巾。班主任老师走过来，替他戴好红领巾，对大家说:“王冬冬今天太紧张了，所以动作慢了一点儿，现在他不是把红领巾戴好了吗?请大家鼓掌对他表示鼓励。”

放学回到家里，冬冬把书包往桌上一扔，对妈妈说:“您不会当妈妈，什么事都不让我做，害得我得了最后一名，同学们都说我是‘小皇帝’‘大笨蛋’。”说着趴在桌上哭了。妈妈自然是安慰儿子一番，但还是没有引起警悟。

冬冬读高一时的一个星期日，爸爸妈妈去爷爷家给老人过生日，因为路途较远，天不亮就走了，晚上8点多才回来，从楼下就见屋里没有亮灯，进屋开灯一看，冬冬坐在沙发上。他见妈妈回来，叫了一声“妈妈”就昏了过去。原来冬冬一天没有吃饭，是饿的。妈妈急忙给儿子做饭。饭后妈妈问儿子:“冰箱里有面包、饼干、香肠，为什么不吃?”“没有想到。”“厨房里不是有方便面吗?”“我看见了，不会煮，以前不都是您和保姆煮的吗?”爸爸问:“抽屉里有钱，也没有锁，你为什么不拿钱到小区门口饭馆里去吃饭?”“以前都是你们带我去的，我自己不是没有去过嘛。”说着他低下了头……看着比自己高一头的儿子，夫妻俩四目相视，不知说什么好。

红红和冬冬同是独生子女，为什么其行为表现有如此大的差别呢？成功在哪里？失败在哪里？成功和失败都在教育。

如何教育独生子女，让现实生活中多些红红，而少些冬冬呢？就这个问题，本文阐述自己的观点。

一、独生子女的家庭生活环境

家庭生活环境是孩子健康成长的主要因素，为说明这个问题，请读者阅读《中国妇女》杂志 1984 年第十期刊登的两份资料：

令人惊讶的事实——家庭环境

上海静安区一条里弄 60 户人家，居民大部分是工人、店员、摊贩，其中 58 户子女、孙子女共计 170 余人，从 1956 年以来无一人考上大学，考上中专、技校的也只有 6 名。另外两家的家长因为是 20 世纪 50 年代初夜校学习的积极分子，有良好的学习习惯，所以两家的子女 5 人，孙子女 3 人中，从 1956 年至今，除 1 名孙子女正在初中就读外，其他 7 人都相继考入了大学。

当我们跨进一家有两个子女均未考上高中的家中时，只见桌旁围满了打扑克的人，斗牌声、吆喝声、录音机里传出的歌声，嘈嘈杂杂。那位父亲挤出牌桌，用有点愧意的语调向我们说：“唉，这两个孩子不争气，我三天两头向他们‘敲木鱼’叫他们用功念书，别像我这样又成了大老粗。成绩单上开了红灯，我哪一次都没有少罚他们……”

（司徒伟智）

环境造就人

200年前，在美国康涅狄克洲有一个哲学家嘉纳塞·爱德华，他的子孙传了8代，其中13个当了大学校长，100多人任大学教授，60多人当医生，100多人当了牧师，80多人成为文学家。

与爱德华同时，在纽约州有一名酒鬼赌徒马克斯·朱克，他的子孙后来也有七八代，其中有300多人成了乞丐和流浪者，7人因杀人被处死刑，63人因偷窃被判刑，因喝酒夭亡或成残废者竟多达400多人。

最有趣的是，马克斯·朱克的第九代孙，也被救护会收容，并照例送到一个有教养的家庭中寄养。截至1917年做统计时，他的操行和成绩特别好。“他已经20多岁，是地方上的模范青年，前途大有希望。”

（司徒伟智）

那么，独生子女的家庭生活环境如何呢？它对独生子女的成长起什么作用呢？

（一）独生子女的家庭经济条件优越，但教育不良

一般讲，独生子女家庭与多子女家庭相比，由于子女少，经济条件相对优越，孩子享有比较优厚的生活待遇。不少独生子女除一日三餐外，还往往吃各种营养品，据一项调查表明，在被调查的60名独生子女中，吃各种营养品的有56人，

占 93%；在 60 名非独生子女中，吃各种营养品的 22 人，占 38%。优越的生活条件，为独生子女的生长发育、智力开发提供了有利的条件。

但是，在优越的生活条件下，父母的教育又往往是贫乏的。其表现是：过分满足孩子吃穿生理方面的需求。一天，笔者在某小学门口与刘校长说话。此时正是家长送孩子上学的时间。一位 30 多岁的妇女走过来对刘校长说："校长，我的孩子中午一瓶啤酒、半斤牛肉、一盘花生米，您看生活水平怎么样？对孩子成长有好处吧？"说着显出一副很得意的样子。刘校长只是微微一笑，没有说话，因为有几位家长在面前。事后我问刘校长："这位家长的孩子在学校表现怎么样？""这是一个四年级男孩子的家长，据说家里有钱，特别宠着孩子。她的孩子最让班主任头痛，表现怎么样，你就可想而知了……"由于无度地满足孩子的物质需要，结果是很容易使孩子产生对物质的贪婪心理，需要的品种和数量越来越多，质量越来越高。而家长对孩子心理和精神方面的需要考虑得比较少，孩子的内心世界是什么，做父母的并不真正了解；对如何培养孩子良好的品德、行为习惯、学习习惯、生活习惯等考虑较少。

（二）独生子女享有充分的爱，但过于宠爱

父母爱孩子是人类的天性，是孩子健康成长的基础。对独生子女来说，父母将全部的爱都倾注在他一个人身上，从平日的生活照料到智力投资都体现了父母的爱，这使孩子得到充分的家庭的爱，特别是母爱。这个爱是父母教育好孩子的基础，没有这个爱，父母的教育将对孩子失去作用。

但是，应该看到，爱失去原则就很容易发展到溺爱。独生

子女的家庭往往是这样，因为只有一个孩子，他就成为小家庭的“中心人物”，是全家人的“重点保护对象”。父母、祖父母、外祖父母的十二只眼睛盯着一个孩子，孩子是心肝宝贝，只要孩子有要求,各自都想办法去满足,结果就很容易形成孩子“自我中心”娇、懒、自私等消极心理，甚至还会出现不良的行为。请看一位小学生家长的自述：

危险的满足

前不久，我刚满 7 岁的儿子的班主任郑重地告诉我，儿子偷了同学的铅笔。

当晚，做父亲的高度责任感使我夜不能寐，深深反思了这次“意外事件”中的教训是什么。

自打儿子会伸手要东西开始，我都尽力满足他。他要吃巧克力，要多少买多少直至吃够为止;要玩具，别人有的他要有，别人没有的他也要有。有年冬夜，他要吃饺子，我顶风冒雨几十里买来满足他。天长日久，儿子就养成了非常讨厌的习惯，见什么就要什么；想要什么就要得到什么；看到谁的东西好玩，如一时买不到，借来也要满足他。前日，他看中了同班同学的“中华牌”大笔头铅笔，非常想要，一时又买不到，他就随手把同学的铅笔占为己有。可当老师批评他为什么要拿别人的铅笔时，他却满不在乎地说:“我想要，家里又买不到，就把同学的拿来了。”当他得知这样做是小偷行为，而小偷要进公安局时，这才吓哭了。

这个教训揭示了一个社会问题：现在绝大多数家庭都是独生子女，他们都被父母视为“小皇帝”“小太阳”，不少父母对他们百依百顺，尽力去满足他们的要求和欲望，随着他们年龄的增长、思想的形成，有的就养成了为所欲为的恶习。“千里河堤，溃于蚁穴”。如不正确引导是很危险的，社会上青少年犯罪也大都是从满足个人需求开始的。无限满足，最后一是害孩子，二是害社会。要从小教育孩子，不能把自己的满足建立在别人的痛苦上，满足是相对的，是要以道德为前提的，无限满足是危险的满足。

（王胜利）

正因为如此，教育家、哲学家明确指出：

马卡连珂：“过分的溺爱虽然是一种伟大的情感，却会使子女遭到毁灭。”

卢梭：“你知道用什么方法一定可以使你的孩子成为不幸的人吗？这个方法就是对他百依百顺。”

（三）独生子女同成年人接触多，见识广，但又缺少同龄群

由于是独生子女，家里没有第二个同年龄的孩子。孩子在生活中所接触到的多是成人，特别是在家庭这个小天地里，接触的多是父母和祖父母。孩子在同成年人的交往中，不但能得到充分的爱，同时还能获得更多的知识，他们随成人看到得多，听到得多，这有利于孩子智力的开发的一面。

但是，独生子女与同年龄的儿童接触相对比较少，同儿童世界隔绝，缺乏同龄群，缺少同龄人的欢乐。这不利于孩子的健康成长，有影响孩子智力的开发的一面，造成孩子孤僻、不合群等不良性格形成。请阅读下文：

妈妈，给我借个姐姐来

搬进新家是一件高兴的事，尤其是对于一个10岁的孩子来说。他将属于自己的小屋打扫得干干净净，被子、床单、枕头都整理得规规矩矩，学习用品、课外读物也在写字台上摆得整整齐齐。

搬家后，我给儿子新添了几条规矩：一不准带小朋友到家中来，以免把家里的东西损坏、弄脏；二是不准到小朋友家去，以免犯同样的错误；三是放学回家和节假日，只准在家写作业，在家里玩。为此，我给他新购了电子琴、围棋、拉力器等新玩具和一些图书。为了新家的卫生，我又将他的小猫送到乡下去。他虽然同意，却很伤心。后来，他在墙上、地上、书上、本子里，画了很多小猫，形态各异，有蹲着的、有站着的、有睡着的、有睁着眼的，情意绵绵。到此时，我才觉醒，自己犯了一个不可原谅的错误。儿子和猫有很深的感情，给它喂食，给它洗澡，和它说话。它走了，带走了儿子的欢乐。

按家规，儿子不准带小朋友到家里来玩，也不敢到小朋友家去。对儿子的教育，我唱“红脸”，他爸唱“黑脸”。他一犯错误，我便要他爸教训一顿，然后由我进行安抚。可是儿子和我们的感情越来越疏远，视同外人……

……夜深了，我坐在窗前，听到孩子不断地重复着一句话：妈妈，给我借个姐姐来。……

（唐明强）

独生子女，再加上几条家规，隔绝了儿子同小朋友的联系，长期下去将是什么结果，就可想而知了。好在做妈妈的已经意识到了其中的问题。

（四）对独生子女期望高，但教不得法

独生子女的家长，因为只有一个孩子，“望子成龙”心切。总期望自己的孩子十全十美、身体健康、相貌出众、智力超群、品德高尚，成为父母心目中的理想人物。多数父母期望孩子能上名牌大学、出国留学，成为教授、科学家等。根据对某校一个班学生家长的调查，90% 以上的家长期望自己的孩子将来的职业是：学者、教授、科学家、考古学家、艺术家等，希望孩子做普通劳动者的一个没有。

但是，为达到高期望，教育又不得法，主要是逼子成龙，强行塑造，其理论根据就是“孩子像一团泥巴，全凭父母去捏，捏成锅是锅，捏成碗是碗”。所以，有的家长盲目地高酬请家教，进行强化学习；有的为孩子选购大量的练习题，在家进行练习；有的参加校外各种辅导班，学音乐、学画画、学英语、学书法……这种过度教育的特点，就是把孩子拴在学习的车轮上不停地转动，完全剥夺了孩子的生活、学习的主动权，剥夺了孩子的“儿童世界”。因此，有的孩子讲：“星期天也不能多睡一会儿，要挤车上辅导班。一天到晚学这学那，就是不让玩，真没劲。天天受罪，还不如死了好。”这样的结果是，孩子心理受到压抑，产生逆反心理厌学，严重的会造成与家长情绪对立。

“天才培养计划”的破灭

李 ×，男，13 岁。其父是研究员，其母是大学教师。父母深知开发智力的重要，从小开始了“天才培养计划”。在他们眼里，孩子就像部计算机，输入多少知识都能记住。所以，

学字、背诗、加减乘除、天文地理都向孩子灌输，甚至在孩子3岁时就开始让其解方程。为了争分夺秒地学知识，游戏、娱乐、与小朋友玩耍的时间大部分被剥夺了。父母怕与“野”孩子玩会学坏，所以他的大部分时间在家里度过。母亲不坐班，幼儿园的教育也被包办了……功夫不负有心人，上学后孩子的成绩确实不错，但与同学不和，自我中心，做事刻板，缺乏创造力和想象力。到了中学，随着学习的多样化，学习尖子的地位受到了冲击，因此，他常烦躁不安。有一次，他受到老师的批评，结果逃学一天。父母得知后，大发脾气，狠狠地打了这个“不争气的儿子”。一贯受宠的孩子，受到了严重的打击，渐渐地变了，回家后不爱说话，有时打别的同学，开始与坏孩子混在一起。有一次他偷了家里的300元钱外跑10天，最后得了痢疾，被别人送回家来，险些送命。父母不理解，为何“有心栽花花不开”？

高期望下教不得法的结果，只能是“有心栽花花不开”。

（《少年儿童研究》1995年第一期）

（五）对独生子女过多的关心，过少的理智

因为只有一个孩子，自然特别宝贝，总担心出问题，怕个子长不高、怕发胖、怕出门碰着、怕学习不好，在学校怕别的孩子欺负、在校外怕大孩子带坏……一句话，总是不放心，忧心忡忡。

但是，关心孩子又缺乏理智，有的家长过度溺爱，往往是孩子吃在嘴里，穿在身上，家长笑在脸上，甜在心里。有的家长对孩子恨铁不成钢，从溺爱发展到惩罚，一怒之下，大动干戈，把孩子打一顿，然后又后悔，母子抱头大哭。家长的爱恨无度，

喜怒无常，闹得孩子无所适从，进而形成任性的性格，甚至养成软硬不吃的毛病，严重的还会患心理疾病。11岁的小兵就是其中一例，请看：

溺爱加强权使孩子患了强迫症

11岁的小兵，原来聪明活泼，只可惜生活在一个满是溺爱的家庭中。他一来到人间，便成了名副其实的“小太阳”。父母视他为“掌上明珠”，一味溺爱，任其跋扈，使其养成了霸道蛮横、神经质、行为极为冲动的性格，并种下了日后悲剧的潜在因素。当他的父亲终于悟出对孩子过于迁就时，想加强教育为时已晚。一天，小兵气呼呼地跑回家，又哭又闹，原因是同桌的女同学下课时没让他先走，他便上去踹人几脚，又把这位女同学的书包扔到了厕所的坑里，因此受到老师的批评。小兵要求爸爸去学校和老师评理，要老师给他道歉。家长无奈地告诉他吃完饭再去学校。小兵不干，顺手把一桌子饭菜掀到地上。爸爸看到娇惯无忌的儿子，再也忍耐不住，上去便拳脚相加。多少年来对孩子顺从的父亲从此变得越来越急躁，使用了严厉的管教办法。小兵从小执拗的心理平衡被打破了，他接受不了眼前的现实，父亲粗暴的管教不断地在他眼前定格，挥之不去，他的意识发生了很大偏差。他敌视父母，不允许父亲进他的屋，怕父母加害他；该吃饭了，拿起妈妈为他准备的饭碗，到水龙头前长时间洗刷，担心碗里有毒，就连家里烧的开水都不喝，渴了只在水龙头上接水喝。小兵患了强迫症。

当我在医院看见在水龙头前无休止地洗手的小兵时，他认真地告诉我：“阿姨，他（指父亲）是我的敌人！”……

（《中国青年报》1993年8月15日）

（六）对独生子女多头关心，又缺乏一致性

独生子女少则有父母的关心，多则有祖父母、外祖父母，甚至有大爷、叔叔、大妈、婶子和姑姑的关心，这不是坏事，应该是件好事。

但是，多头的关心往往又缺乏教育的一致性，我行我素，各行其是。

“别听你爸爸的，他小时候比你还淘气，没有少惹奶奶生气。”

“这是叔叔给你的零花钱，别给你爸爸妈妈说，知道吗？”

“这钱是姑姑让你买雪糕吃的，别给你妈妈说，记住了？”

……这是在独生子女家经常听到的话，这些反映了教育的不一致性，带给孩子的是养成见什么人说什么话及说谎等毛病。李兵的坏毛病就是这样养成的。

谁之错？

李兵生在一个条件比较好的家庭，家里除了父母外，还有爷爷和奶奶、叔叔和姑姑。叔叔和姑姑虽各自有家庭，但他们特别喜欢李兵。自他来到人间，叔叔和姑姑没少给他买衣服和玩具，爸爸、妈妈和爷爷、奶奶的就更多了。

李兵会走了，叔叔经常利用休息日带他去公园，姑姑也没少带他去逛商场。因为一家人相处非常和睦，父母对叔叔和姑姑的做法也不加限制，还对邻居们说：“我家小兵的吃、穿、用的东西几乎全是他叔叔和姑姑给买的。”

李兵该上学了，书包、文具早已准备齐全，都是多份的，还都是新式的。上学了，全家人都在关心他，别的不说，就零花钱这个给 10 元，那个给 8 元，都不用他张口……慢慢地，

李兵就养成了乱花钱的习惯，交了在学校吃中午饭的钱，可经常不在学校吃饭，到校外吃自己爱吃的食品，有时还把学校的饭菜倒在垃圾桶里，理由是不好吃。

时任小学校长的奶奶觉到了问题的严重性，利用一家人在一起时的机会，当着李兵的面提出严格的要求，规定：孩子的生活完全由父母照顾，零花钱由父母每月给，其他人不要随便给钱和买东西，有必要给钱和东西时必须通过他的父母。一家人都同意，虽说没有严格执行，也节制了许多。但为时已晚，零花钱突然减少，不能满足养成乱花钱习惯的李兵，他想出了“自筹钱”花的办法，那就是说谎向家里人要钱，今天向妈妈要钱，明天再找理由向爷爷要钱，还少不了给叔叔、姑姑打电话要钱。一般每次家长都相信他的理由，给他钱。

已经是初二年级的李兵，一天对妈妈说：“妈，我参加了学校的合唱团，每天放学后活动，回来晚，吃饭别等我。”妈妈很高兴，每天给他 10 元钱，并再三叮嘱:“饿了买点东西吃，不要饿着肚子练歌。”

“妈，国庆节晚上我们要到天安门广场去联欢，学校要统一做衣服,每人要交 150 元。”妈妈为儿子参加国庆节活动高兴，将钱交给了儿子。

一天，李兵的母亲遇到儿子的班主任，谈到此事时，才知道儿子没有参加学校的合唱团，国庆去天安门广场联欢也没有他们班的任务。他用骗来的钱同一些同学经常出入网吧和录像厅……

二、独生子女容易形成的消极心理

如前所述，独生子女各方面的家庭生活条件是优越的，他们的身心发展是良好的。北京市曾对两所学校中的412名独生子女做过一次对比调查，发现独生子女中三好学生占14%，而非独生子女只占8.5%；独生子女任大、中、小队干部和班干部的占50%，而非独生子女只占29.4%。

我国心理学工作者分别对5~6岁的35名独生子女和非独生子女进行了标准智力水平的认识能力测查，设计了20个关于自然知识和社会生活知识的问题。测试结果是独生子女的正确率比非独生子女高，独生子女平均答对18.1题，非独生子女平均答对15.8题。经统计处理两者有非常显著的差异。同时，他们又设计了7个测查幼儿园智力水平的小实验，以测查幼儿的观察力、记忆力、思维力等，结果独生子女的成绩优于非独生子女，独生子女平均得33.6分，非独生子女平均29.09分。经统计检验，两者差异也是显著的。

据有关方面的调查表明，独生子女80%以上的身高超过非独生子女，90%以上的体重也超过非独生子女。

以上事实说明，独生子女在德、智、体诸方面都优于非独生子女，或者说，独生子女比非独生子女具有更好的得到发展的条件和可能。

但是，独生子女在健康成长的过程中存在一定的弱点，即消极心理，这也是事实，是客观存在的，必须引起家长们的重视。

（一）娇气

独生子女娇气的主要表现是:（1）挑吃。专门挑最好的吃，自己觉得不好吃的就不吃。在上学的路上、学校的门口，甚至在学校经常看到扔掉的油饼、面包、香肠等；在学校用餐的学生饭菜随便倒。据调查，挑吃的独生子女占 70%，非独生子女占 40%。（2）挑穿。小小年纪开始就和别的孩子比穿，见别人穿的衣服自己喜欢，就向父母要求买，不给买就哭闹。据调查，挑穿的独生子女占 27%，非独生子女占 10%。（3）怕苦。怕热、怕冷，更怕走路。最主要的是怕困难，缺乏同困难做斗争的精神，缺乏克服困难的毅力。

（二）偷懒

很大一部分独生子女在家里过着“饭来张口、衣来伸手”的生活，什么活都不干，床铺由父母收拾，衣服由父母洗，甚至书包都由父母整理；在学校，学习上懒得动脑，有的甚至懒得写作业，抄作业和雇同学写作业的现象在不少同学中发生。

（三）自私

独生子女是家庭之“最”，有最好吃的食品，有最好的衣服穿，入学前还有最好的玩具玩。这样，他们在头脑里逐渐形成了这样一个概念:“最大的”“最好的”就是“我的”，形成独占一切的心理，因此私心比较重。

（四）任性

任性是独生子女的通病，在家里想怎么样就怎么样，达不到目的就哭闹，甚至摔东西，以此来威胁父母。孩子一哭闹，父母就让步，孩子便自认为得法，便反复用这种办法来对付父母，以满足自己的需要，结果是越来越任性。上学后不容易合群，纪律约束不了他们的不良行为，往往是我行我素。同学碰他一下，闹起来没个完，不去上课，中午也不吃饭，还得由老师去哄，这在小学不是奇事。

（五）生活自理能力差

有的孩子已经是小学三年级的学生了，还由父母穿衣服、系鞋带，晚上还要接尿。中学生不会洗衣服，不会自己做饭吃，离开父母只能吃方便面的不是个别。

（六）不合群

独生子女因为家里没有兄弟姐妹，在家里是独自成长起来的，这种特定的生活环境容易使其形成孤僻、不合群的性格，缺少合群生活的习惯和经验。

应该指出的是，不是所有的独生子女都有这些消极心理，也不是一个独生子女身上都反映出这些消极心理，这应具体分析，关键取决于家庭环境和父母的教育。独生子女的消极心理，其消极性是很大的，从近处讲，在家不好管理，在学校老师难以教育；从长远讲，影响孩子的心理健康及生活、学习和工作，因此应引起家长们的高度重视。

三、独生子女消极心理的预防和矫正

独生子女消极心理的形成不是必然的，形成后也不是固定不变的，可以消失，也可以发展成为严重的心理障碍，甚至心理疾病，关键在于创设一个良好的家庭心理环境和实施有效的家庭教育。

（一）爱孩子和严格要求相结合——防止娇

父母对孩子既要爱，又要有严格的教育措施。如果只有爱，而没有严格的教育，容易发展成为溺爱，害孩子终身。为此教育孩子必须坚持爱中有严格的教育，教育过程中有充分的爱，使严爱相结合。中外两位富翁就是这样做的。

一位百万富翁的家庭教育观

我国台湾著名塑胶业大王王永庆，可算是“百万富翁”，但其对子女要求特别严格。他不仅要求子女早睡早起，安排固定作息时间，更要求孩子学习吃苦，严格限制零花钱，每项花钱都有详细记录，花一块钱也得有所交代。他家里人觉得这样对孩子太苛刻，要护着女儿时，他依然把女儿送出国锻炼，控制开支，让女儿过清苦生活。他女儿的学校没有暖气，不许关窗睡觉，这样一位“阔小姐”就生活在如此艰苦的环境中。用王永庆的话说：“只有在困难环境里，才能激发努力向上。”他女儿正是经过这样的锻炼，养成了独立生活和自强创业能力，后来成为一个响当当的企业家。

（邹学易）

亿万富翁给孩子的零花钱

据报载，全世界第一个有10亿以上美元的富翁洛克菲勒，对自己儿女的零用钱卡得很紧。他规定零用钱因年龄而异：7~8岁时每周3角；11~12岁每周1元；12岁以上者2元，每周发放一次，还给每人发一个小账本，要他们记清楚每笔支出的用途，领钱时交他审查，钱账清楚，用途正当的，下周增5分，反之则减,同时允许做家务活可以得到报酬。补贴各自的零用。

（摘自《家长报》）

两位富翁，不是惜钱，也不是不爱自己的孩子，而是用严格要求教育和培养孩子，从近处讲，防止孩子娇气，丧失努力向前的奋斗精神；从长远看，帮孩子立足于社会。这体现了父母对自己子女的真正的爱。

（二）让孩子参加家务劳动，提高自理能力——防止懒

为了说明这个问题,我们先来读读《教育报》和《文汇报》发的短文：

不能这样“疼爱”

在一所中学的宿舍里，一些学生以羡慕的眼光望着李青的大口袋。这个口袋大约有半个面袋大，里面装满了脏衣、脏袜、脏床单。李青的离家学校很远，只能一个月回家一次，因此父母给他带上七八套衣服，十来双袜子，随脏随换，随换随往口袋里装，放假时，带回家由妈妈洗。他是独生子，学习成绩好，父母对他的“疼爱”是无微不至的，甚至向校方表示，学校分配给李青的劳动任务,家长愿来校为子替工。在这样的关怀下，李青一点儿也不会劳动，也不想劳动了，不要说宿舍里清扫、打水之类小事从不问津，就连夏天的蚊帐也得家长给挂。……

（刘永曾）

笑声过后的思考

在一次会上，听说这么一件事：有一位母亲给自己远出家门读书的儿子的棉被缝了四层被罩布，并叮嘱儿子——用脏了一层剥掉一层，四层剥光了，放假的日子也到了，统统带回家让妈妈来洗。

这个近乎荒唐的事例，引起听者的哄堂大笑。然而，笑声过后，人们并没有忘记严肃地思考：在我们的家庭教育和学校教育中有没有类似那位母亲的做法呢？请看下列并非偶见的现象：

孩子读小学了，母亲还在为他们穿衣、喂饭，甚至于扣纽扣、洗衣服、生炉子等，更不要孩子操劳。孩子考入高等学校，则千里迢迢送他入学。……

（卓本定）

像这样的典型事例并非个别，不少家长认为孩子上学就是读书，不必参加体力劳动，害怕劳动会影响学习，妨碍成才。有的家长甚至还说："只要孩子能认真读书，将来考上名牌大学，我哪怕天天给孩子倒洗脚水，也心甘情愿。"就这样把孩子当成重点保护对象，连生活自理能力都给"保护"没了。

荀子曾说过："不闻不若闻之，闻之不若见之，见之不若知之，知之不若行之。"两千多年前的古人已经知道实践的重要，我们自然应该比古人更高明，所以，应该让孩子多动脑动手，多参加社会实践，在劳动中，在实践活动中增长才干。这方面我们应向国外行之有效的家庭教育学习，请看：

培养“自立”精神琐议

伦敦郊外的傍晚，刚下过一场大雪，一个十来岁的小孩在公路上艰难地推着童式自行车，终于被雪卡塞住了，只见他吃力地清除车轮上的雪。我见此情状，上前去助他一臂之力。可是令人惊诧的是：我不仅遭到孩子的拒绝，甚至连其不远处的父母竟也投来不太友好的目光，我只好悻悻离去……一位留学生回忆起这段自讨“没趣”的事时深有感慨说：“这是做父母的有意培养孩子的‘自立’精神啊！”……

（罗明涛）

我们的家长看到孩子处于如此艰难的境地时会怎样对待呢？怕是不用别人动手，自己早就亲自动手排难了。因此，我们做父母的应很好体会名人的教导：“平静的湖面，练不出精悍的水手;安逸的环境，造不出时代的伟人。”（列别捷夫）“世界没有一种具有真正价值的东西，可以不经过艰苦辛勤劳动而能够得到的。”（爱迪生）

不少家长总认为孩子从事家务劳动会影响学习，其实恰好相反，家务劳动对孩子的成长和发展具有特殊的意义。首先，家务劳动使孩子养成勤劳的习惯,培养坚强的意志品质。其次，家务劳动有利于孩子从小养成动手操作的习惯和技能。再次，家务劳动有利于开发孩子的能力，俗话讲“心灵手巧”，反之也一样的，那就是“手巧心灵”。所以，马卡连柯指出：“凡是在家里没有接受任何劳动经验的学生，不管国家机关如何努力教育他们，也不会获得熟练技巧，而会遇到各种失败，成为不好的工作者。”

愿每个盼子成才的家长都能教育孩子，为了实现自己的理想，既要勤奋学习，争取好的学习成绩，又要热爱劳动，提高动手能力，这样才能真正成为一个对社会有用的人。

（三）培养孩子合群精神——防止独

父母要让孩子与同龄人多交往，切忌把孩子关在家里，形成家庭—学校—家庭这样一条生活线，缩小孩子的活动范围。下面这篇资料就有力说明了这个道理。

伙 伴

——“比父母更好的教育者”

一位小学一年级教师告诉我，她有这样一个学生，入学一个月没有喊过一声“老师”。老师告诉了家长，其父亲便斥责孩子，要其“喊老师”，没料到孩子号啕大哭起来。老师摇了摇头，很明显这将是个很难教的学生。这位老师问我，这样的情况是怎样造成的？

于是，我找来了这个学生。这是个长得很秀气的女孩，看到我有点儿怕生，这应该是正常的。我给她讲《小花猫抓老鼠》的故事，她很注意地听着，五分钟能回答故事中的问题。家长在旁边高兴地说：“我女儿本来就会说话的嘛。”看来可以排除智能或语言的障碍。然而，当我让她到操场上去玩时，我观察到，尽管操场上有很多孩子，也有同班同学，但小女孩总是孤单地一个人在玩滑梯，没有找别的孩子一起玩。从现象上分析，孩子缺乏必要的社会交往尤其是与伙伴交往的能力。家长告诉我，孩子是独生女，大人很少让孩子出去玩，更没有小伙伴到家里来和她一起玩。我想，也许正是这种伙伴交往的缺乏或被剥夺，造成了孩子与伙伴交往的心理障碍，影响了孩子社会适应能力的发展。

我们曾就这个问题对小学生进行了调查，问卷的题目是“在家里和谁玩”。在被调查的180个学生中，有26%的学生回答和“父母玩”，有20%的学生回答“和邻居的孩子玩”，但有67%的学生回答和“老人玩”。这说明多数孩子在家里缺少伙伴之间的交往。

儿童的成长离不开家庭、学校和周围环境的影响。现在，独生子女的比例在上升，越来越多的家庭住进了“独门独户”的新房。家庭居住条件的改善，有利于儿童的学习和休息，但也带来了新的问题，即邻居间交往明显减少。

同样值得注意的还有儿童室外活动空间也在明显缩小，这种情况大城市尤为严重。据调查，有52.25%的儿童几乎没有室外活动场地，也就是说现在的独生子女基本上没有“弄堂伙伴”，因此他们只好和洋娃娃、小白兔（玩具）玩。爱玩是儿童的天性，然而遗憾的是他们想玩却没有玩的对象——伙伴。这些状况不能不对儿童的心理和行为带来不良影响。就拿上面提到的那个“不肯喊老师”的女孩来说，她不仅是一般的不懂文明礼貌，而且是一种社会适应性不良的心理表现，如任其继续发展，就会带来心理障碍和早期的心理异常。

国外有人曾对这一现象进行研究，认为造成儿童社会化障碍的有五种社会因素：交往剥夺、溺爱、过分顺从、过分保护和孤独，而居第一位的就是交往被剥夺。因此，我想告诉家长们，要更全面地关心你的孩子，经常地带孩子去玩玩，特别要允许和欢迎小伙伴们到自己家里来玩，要问问你的孩子，有没有伙伴与朋友，并帮助他与小伙伴们建立友谊和合作，无论如何不要让你的独生女或独生子感到“孤独”。我也想对老师说，要注意你的每一个学生，鼓励他们中的每一个人主动地积极地参与群体生活。

法国作家莫罗阿有这样一句名言：“学校里的同学是比父母更好的教育者。”让我们尽可能地去帮助我们的孩子吧，让孩子们在交往中学习行为，在交往中培养习惯，在交往中形成个性，而绝对不要妨碍他们的发展，更不要去剥夺他们之间的交往。

（余慧斌）

（四）对孩子不迁就——防止任性

任性是独生子女的通病，形成的根本原因是家长的迁就。

宝宝感冒发烧刚好，他要吃橘子，妈妈说，吃橘子上火，给梨吃。宝宝就是不吃梨，要吃橘子，而且大哭不停。爸爸拿橘子给他，他才转哭为笑。

孩子要继续看电视，妈妈说，电视有辐射，对眼睛有伤害，你已经看了半个小时了，不能再看，随手把电视关了。孩子看得正高兴，说什么也要接着看，而且又哭又闹。爷爷走过来打开电视让孙子看，孙子乐了：“还是爷爷对我好。”妈妈站在一边干生气也没办法。

该吃饭了，孩子就是不安静下来吃饭，满屋子跑，妈妈没有办法，只有顺着他，追着孩子喂饭吃。孩子边玩边吃，妈妈只有听他指挥，几乎顿顿饭都是这样。

就是在类似的多次的迁就中，孩子形成了任性。防止和消除任性的办法只有一个，那就是在任何情况下不迁就，哭也不行，长时间看电视不利于孩子的健康，妈妈关电视是对的，爷爷不应该打开;不吃饭，满屋跑就是不理他，不能追着喂饭吃，他饿了自然会安静下来吃饭。这样做是不是太过分了呢？不是，对孩子不合理的要求不能满足；要求合理，但过于强烈或采取不适当的方式时，也暂时不予满足，选恰当的时机给予满足。对孩子用哭闹等威胁父母的行为不予理睬；对孩子的任何要求满足与不满足均要用孩子能听懂的方式讲清道理。这些原则应该坚持，不能违背。当然具体做法上不要硬对硬，要用灵活有效的方式解决问题。他要吃橘子不吃梨，哭几声后，给他爱吃的西红柿，他可能也就接受了，高兴了；电视被妈妈关了，过了一阵子，爷爷说，宝宝我带你到楼下和小朋友们玩好吗？这时他看电视无望，可能也就同意了……

“孩子还小，不要管得那么严，大一点儿了就会听话的。”这是一种极其错误的家教观点，孩子的任性就是从小一点一滴的小事中形成的，从几岁形成的任性，等大一点儿再矫正那就晚了，轻则影响社会交往，重则会断送孩子的前程。不信请看小强任性的形成和危害。

溺爱害了孩子

当小强因盗窃自行车站在法庭的被告席上时，他的父母百思不得其解:“要什么就给什么，怎么儿子还喜欢别人的东西？家里有五辆车，可着儿子骑，为什么他还偷了别人的车？”及至庭审后审判人员问他们对小强的犯罪原因有什么看法时，他父亲竟然说:“早知道孩子喜欢这种车，给他买一辆不就没事了么。”

小强的一番话倒回答了他的父亲:“我从小就养成了任性的坏习惯，要干的事就得干，想得到的就得得到。我看到别人骑的车漂亮，很想要一辆，可我的车是新买的，怕家里不同意，就去偷了。我没想到问题这么严重，只想弄辆车，玩几天。”

据了解，小强上小学时是个三好学生，班干部，老师喜欢他，同学们尊敬他，邻居们也常夸赞他。父亲将他视为掌上明珠，不知不觉中加倍地溺爱他。著名教育家马卡连珂说过：“过分的溺爱虽然是一种伟大的情感，却会使子女遭到毁灭。”小强也就在这溺爱和宠爱的包围中养成了说一不二，要星星不能给月亮的毛病。上中学后，小强接触的人多了，渐渐结交了一些不太好的孩子。对此，小强的父母竟没引起重视，他们只注重孩子的学习，教育方法也简单粗暴，一看儿子学习不理想，就打，甚至打出家门。

在溺爱与粗暴的交替作用下，小强形成了一种矛盾的心理，一方面认为自己的愿望都应得到满足，另一方面又不敢提出过分的要求，怕挨打。因此，当看到别人骑着漂亮的新型车时，他恨不得立时自己也有一辆，但又不敢和父亲说。正在这时，一个小伙伴提议，上街“弄”辆车玩玩。小强便欣然应允，拿了工具就跟他上了街。在路边，俩人撬开了一辆最时兴、最漂亮的女车。心理学研究指明，青少年的生理特点决定了情感的冲动，辨别能力差，有时行为偏激、盲目，在不良的社会影响和教育影响诱发下，容易导致犯罪。心理学家对某地500名青少年进行调查，当父母给的钱不够用时，“借”和“求助”的只占14%和9.8%，而“偷”的却占31.5%。

可惜，小强的父母不懂这些，直到孩子上了法庭成了被告，还在为自己未能及时满足孩子的欲望而后悔，实在令人遗憾。

（渭玉珍）

正是父母对儿子“要什么就给什么”的溺爱,造成了小强“要干的事就得干,想得到的就得得到”的任性,结果是毁了小强。

(五)教育孩子懂得关心他人——防止自私

因为是独生子女,总是父母照顾的对象,父母将全部的爱给了孩子。可是如何教育孩子爱父母,关心他人,往往被忽视,这是形成孩子自私心理的根源。要预防和消除孩子的自私心理,培养在家里尊敬和关心父母,在学校尊敬老师和关心同学等品质,最重要的是在任何时候不给孩子特殊地位。家里的食品谁都可以吃,而且先要让长辈吃;家里来了小朋友可以吃孩子的食品,也可以玩孩子的玩具;家里来了客人,要和孩子一起迎送;帮助父母做家务活,从小懂得减轻父母的负担等等。就是在这些看来是小事的处理中培养孩子关心别人的品质,预防和矫正自私心理和行为。

学会关心别人

“妈,我明天带的吃的买了吗?”小红放学一进门就问妈妈。

“买了,不是在你屋的桌子上放着嘛。”从厨房传来妈妈的回答声音。

小红拎着书包急忙进了自己的屋,看到桌上的东西高兴地叫了起来:“啊!这么多好吃的,夹心小面包、香肠、巧克力、酸奶——妈,这么多我吃得了吗?”小红冲着厨房大声问。

妈妈听到女儿的问话,放下手里的活,来到小红跟前,很认真地对女儿说:“小红,这些吃的不只是给你吃的,你们班里有同学,还有老师,吃的时候也应该让老师和同学吃,咱们家里吃什么不是先让爷爷、奶奶吃吗?你说对不对?”小红听了认真地点了点头。

这时，爸爸走过来也对女儿说:“妈妈说得对，家里怎么做的，在学校也应该怎么做，这才是好孩子。”

钟上的时针已经指向下午3点半。

“爸、妈，我回来了。”小红一进门就坐在沙发上，显得很高兴。

“我女儿这么高兴,有什么好事吧?”爸爸放下手里的书问。

“那是当然啦。”

“说说，我们听听，看该不该高兴。”妈妈边看报纸边问身边的女儿。

原来，小红班里的一个男同学，把带的中午饭忘在了汽车上，中午吃饭时小红主动把这个同学叫到跟前一起吃。有好几个同学也走过来，拿出自己带的好吃的，大家围在一起吃，又吃又说很热闹，也很高兴。回到学校老师总结时表扬了他们几个同学，特别表扬了小红关心和帮助同学的行为。

“爸、妈，你们说该不该高兴?”

“当然应该高兴，我女儿做了好事，受到老师的表扬，妈妈也高兴!”妈妈伸手抱了抱女儿。

“爸爸您呢?”

“我当然也高兴，但不能骄傲噢!”

“这个我懂。”小红说着拎起背包回了自己屋。

“看来，我们没有白教育女儿。”

“是啊，教育孩子就要从小事做起。”

“小气鬼”

小明春游回来，一进门就坐在沙发上哭了起来。妈妈赶紧走过来问：“宝贝儿子，怎么了？”爸爸也从屋里出来问：“谁欺负你了？我去找他去。”

“谁也没有欺负我！”说着哭得更凶了。

“到底怎么回事，你说啊。”妈妈着急地问。

“都怨你，同学们都叫我‘小气鬼’‘鸡骨头’！”小明冲着妈妈大声叫喊。

原来，今天去春游，妈妈给儿子带了不少好吃的，其中有半只儿子最爱吃的烧鸡。临走时妈妈告诉小明，中午吃饭时不要和同学在一起吃，到一边一个人吃去。吃中午饭时，同学们都自由结合，三五个人在一起吃。小明听了妈妈的话，走到离同学不远的地方一个人吃了起来。班主任看见后就走了过去，见小明正在吃烧鸡就说：“小明你怎么一个人在这儿，给老师一块鸡肉吃好吗？”小明抬头看了看老师，拿起一条鸡腿，把上面的肉撕下来，把骨头递给了老师。老师拿到手里闻了闻说：“真香，你自己吃，老师也带着饭。”顺手把鸡骨头放在了小明饭盒里。这件事被不远的几个男同学看在眼里，老师走远后就冲着小明喊“小气鬼”“鸡骨头”，还做出了不友好的表情。

这件“鸡骨头”事件，很快在班里传开了，连小明的好朋友也说他是“小气鬼”……

妈妈听了儿子的讲述，站在一边没说话。

“别理他们，自己的东西自己吃，这有什么错！”爸爸还有些不平地说。

“哇……”小明又哭了起来……

看来这确实是一件小事，但是孩子的行为如何，正是从这样的“小事”中培养和体现出来的。小红和小明虽不是同一所学校的学生，但发生在他们身上的事很具有代表性，谁对谁错不言而喻，应引起青少年父母的重视。

第二章

开发智力从零岁开始

美国心理学家布鲁姆认为，一个人的智力发展若与本人17岁时达到的智力水平100相比，4岁时就达到50%，4岁至8岁时又增加30%，剩下的20%是在8至17岁获得的。

国外的学者也提出“智力发展的递减法则”，即按最理想的条件去开发每个人的智力：生下来就开始，能达到100%；5岁开始，只能达到80%；10岁开始，只能达到60%；15岁开始只剩下了40%。

所以，智力开发应从零岁开始，这已经得到普遍的承认。

一、什么是智力

作为父母，从零岁就开发孩子的智力，就必须懂得有关智力的最基本的一些知识。

什么是智力？关于智力，国内外还没有一个很准确的统一定义，但我国的科学家认为：智力是以抽象思维能力为核心的包括观察力，注意力、记忆力、想象力在内的综合认识能力。

所以，智力的结构应该是：

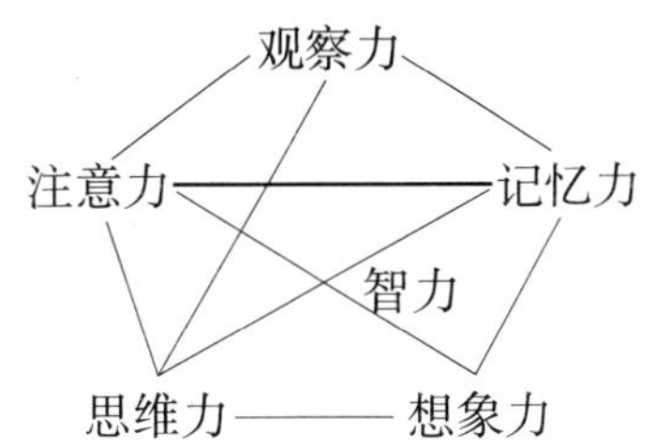

但是,智力≠观察力+注意力+记忆力+想象力+思维力,而是五种能力的综合，各因素是相互联系，彼此制约的，而不是孤立存在的，各自发挥着独特的作用：

观察力：是智力活动的门户和源泉。

注意力：是智力活动的警卫、组织者和维护者。

记忆力：是智力活动的仓库和基础。

想象力：是智力活动的翅膀和富有创造性的重要条件。

思维力：是智力活动的核心和方法。

儿童的智力水平用“智商”来表示，其计算公式是：

$$智商=\frac{智力年龄}{实际年龄}\times 100$$

智力年龄是儿童智力发展水平的标志，某一年龄的智力年龄，是根据随意选取的一定数量的同年龄儿童的平均测验成绩而定的，就像教学大纲规定的某年级的学生某门学科应该达到什么水平一样。

实际年龄是指儿童的生理年龄，即几岁，下面举例说明：

在智力测验中,一个5岁的儿童在5岁组的测验全部通过,而6岁组的测验一道题都没有通过,那么他的智力年龄是5岁,其智商为：

智商 =5/5×100=100

如果在测验中这个 5 岁的儿童，不但 5 岁组的测验全部通过，6 岁组的测验也全部通过，而在 7 岁组的测验中一道题都没通过，那么他的智力年龄为 6 岁，其智商为：

智商 =6/5×100=120

如果这个 5 岁的儿童，在 5 岁组的测验中一道题都没有通过，而 4 岁组的测验全部通过，那么他的智力年龄为 4 岁，其智商为：

智商 =4/5×100=80

往往还有这样的情况：这个 5 岁的儿童，5 岁组的测验全部通过，而 6 岁组的测验通过 4 题，7 岁组的通过 2 题，8 岁组的通过 1 题，9 岁组的一道题都没通过，那么他的智力年龄为 6 岁两个月，其智商为：

智商 =74/60×100=125

（说明：一道测验题，代表两个月智力年龄）

如何用智商表示智力水平的高低呢？一般的情况是这样的：

130 以上　　　智力超常

110~129　　　智力偏高（优）

90~109	智力中常（正常）
70~89	智力偏低
70 以下	智力低下（弱智）

一般认为，智力超常的儿童约占 3/1000，弱智儿童也约占 3/1000，绝大多数儿童的智力在正常范围内，彼此没有多大差别。

世界17名天才人物的智商			
人物	智商	人物	智商
华盛顿	100	笛尔卡	180
格兰特	130	约翰逊	165
德雷克	130	达·芬奇	180
伽利略	185	莫扎特	165
伏尔特	190	拿破仑	145
牛　顿	190	克兰富林	160
歌　德	210	伦布兰特	155
康　德	175	林　肯	150
马丁·路德	170		
平均智商：166			

17 位世界名人的智商表明，高智商，即天才是客观存在的，但只是少数人，更确切地说，只是极少数人，仅占 3/1000 左右。因此，家长们对自己孩子的期望值不要过高，不要脱离自己孩子的智力水平的实际，也不要随便给孩子测智商，一般的孩子没有必要去测智商。如果特殊需要测智商，必须到有关部门认定的，具有测试资格的地方去测，这样才准确。

二、智力发展的条件

影响孩子智力发展的因素，即条件是：遗传、环境、教育和勤奋。这是个理论问题，这里不进行更深的叙述。因为这是个理论工作者探讨已久的问题，它与开发孩子智力和提高学习成绩有直接关系，所以，家长们应了解这方面的基本知识和观点。

（一）遗传作用

遗传是一种生物现象。人类通过遗传将祖先的许多生理特征传给下一代。遗传的生理特征，主要是指那些与生俱有的、有机体的构造、形态、感官和神经系统等方面的解剖生理特征。这里的遗传因素指的主要是神经系统的神经细胞内有关的基因，在它们的控制下合成和组成神经系统，主要的是大脑，并决定其功能，简单说，遗传而来的神经系统的质量决定着大脑的功能，也影响着智力水平的高低。下面是有关这方面的两组资料。

1.“活电脑”申克功

11 岁的申克功，被人们称为“活电脑”，其反应速度相当惊人。下面是申克功当众回答的计算题：

① $639\times3+\sqrt[3]{884736}=2013$

申克功用 3.4 秒，快于计算器。

② $1\times20\sqrt[2]{10000}-0.25=1999.75$

申克功用 6.5 秒。

三台袖珍计算器都在 17.5 秒之后。

625^9=14，511，915，228，366，851，806，640，625

申克功只用20秒说出了26位的答案。

2. 名人家族材料

德国音乐家巴哈两次结婚，共有19个孩子，其中5人成为有名的音乐家，占26%。他的家族从16世纪到18世纪的200年间，共出50位音乐家，其中20个特别优秀。意大利画家提申一家出了9位大画家。法国数学家伯努利一家三代出了8位有名的数学家和天文学家。

以上资料表明遗传因素在智力发展中起着一定的作用，但是它只是为智力发展提供了物质前提和可能性，而要把这个智力发展的物质前提和可能性变为现实还需要环境、教育和个人的努力，因此，遗传的作用不能夸大，正如马克斯指出："搬运夫和哲学家之间的原始差别要比家犬和猎犬之间的差别小得多。"

（二）环境的作用

环境从大的方面讲指自然环境和社会环境、物质环境和精神环境。

从家庭来看主要指家庭的物质环境和文化环境。环境在孩子的智力发展中所起的作用不可忽视。

朱文奎的悲剧

明朝时期，明成祖朱棣夺去了建文帝的皇位后，为了永保其皇位，把建文帝的小儿子朱文奎带到北京关起来，管吃管穿管住，就是单独隔离。尽管朱文奎血统高贵，可是从2岁一直关到55岁的孤独生活，使这位皇族之子成为“初见牛马亦不能认识”的白痴。

被绑架的王子

19世纪国外有个王子，幼年时被人绑架在一间直不起身的黑房子里，每天只给面包和水。17岁时才获释放，这时的王子，既不会走路，也不会说话，后来虽全力教育，但智力发展还远远落后于普通人。死后解剖，发现他的脑子由于长期不用，发育受到影响，结构已经变得很简单了。

七龄童通晓英法西三国语言

本报讯（记者 张灵）2岁开始用英语与父母交流，7岁通晓英、法、西班牙语言……前天，在“精诚杯”第六届少儿英语大赛决赛现场，年龄最小的参赛选手、7岁男孩韩金雨一出场就赢得了满堂彩。

与很多通晓几国语言的“小海归”不同，韩金雨学语言的经历完全来自本土训练。据韩金雨母亲夏女士介绍，小金雨一直生活在北京，从小对语言很有感觉，“我觉得孩子挺有语言天分，但营造一个好的语言环境也很重要”。家里不少人都具有良好的外语背景，小金雨的舅舅在新西兰大使馆工作，父亲在美国公司上班，金雨从小便在这种环境中成长。从小到大，他所看的影碟都是英文的，与父亲打电话也全部使用英语。6岁上学之后，他便通过家里的客人或家教学习法语和西班牙语。

在前天的比赛中，小金雨表现得十分活跃，不仅用流利的英语现场讲述了有关马拉松的来源，还演唱了1998年世界杯的主题曲《生命之杯》。凭着精彩的表现，小金雨最后获得了一等奖，但赛后他噘着嘴巴生了半天的闷气，因为没有拿到特等奖。……

（《京华时报》2005 年 12 月 12 日）

上述例子可以告诉我们这样一个真理：早期环境的影响非常重要，得不到早期教育的孩子，智力发展将会受到很大影响。

（三）教育的作用

教育应包括家庭教育、学校教育和社会教育，各级教育的质量和水平直接影响人的智力发展的水平。在现实生活中绝大多数人的遗传素质是差不多的，但智力水平相差比较大，其主要原因是所处的环境和接受的教育不同。

孪生姐妹的不同

据资料记载，有一对同卵的孪生姐妹，她们在 18 个月的时候分开，姐姐被送到偏远的地方抚养，只受了两年的学校教育；妹妹在一个繁华的村镇长大，并读完了专科学校。在她们 35 岁时接受了智力测验，结果是受专科学校教育的妹妹比她姐姐智商高得多。

只要有恰当的条件

美国芝加哥著名教育家杰明·布隆和其他一些科学工作者，做了一项历时五年的研究，对象是 120 名超级明星，包括世界一流的数学家、物理学家、钢琴家、雕塑家，游泳、网球等世界冠军。总之都是在各自领域里最出色的、最有才华的人。得出的结论是：只要有恰当的条件，绝大多数儿童都能成为较有才华的人，人类的潜力比测出来的高得多。同时，有天资的儿童比我们想象得多。

很明显，孪生姐妹因为所受的教育不同，所以她们的智力水平也不同；对120名超级明星调查得出的结论是："只要有恰当的条件，绝大多数儿童都能成为较有才华的人。"这个"恰当的条件"主要是教育。可见，教育在开发孩子智力过程中的重要作用。因此，乌申斯基说："智慧不是别的，而是一种组织得很好的知识体系。"

（四）勤奋的作用

个人的勤奋是智力发展的内在因素。俗语说："聪明在于学习，天才在与积累。"许多杰出的人物总结自己成功之点，几乎都一致承认勤奋在其中的作用。

托尔斯泰："天才的十分之一是灵感，十分之九是血汗。"

高尔基："人的天赋就像火花，它既可以熄灭，也可以燃烧起来，而逼使它燃烧成熊熊大火的方法只有一个，就是劳动，再劳动。"

爱迪生："天才的百分之一是灵感，百分之九十九是汗水。"

华罗庚自述

我读小学时，因为成绩不好，没拿到毕业证书，只拿到一张修业证书。在初中一年级时，我的数学也是经过补考才及格的。但是说来奇怪，从初中二年级后，就发生了一个根本的转变，这就是因为我认识到既然我的资质差些，就应该多用一点时间来学习，别人只用一个小时，我就用两个小时，这样数学成绩就不断提高。

（王极盛 . 智力 ABC[M]. 北京：北京出版社，1981.）

让想象成为现实

史丰收一天天长大，他没有放弃自己的想象。他抓住这个可贵的想象锲而不舍，以坚忍不拔的毅力试验着，一定要把想象变为现实。

人们看见史丰收老在那里写呀、算呀。这个小学生，既不懂数学理论，又缺乏分析综合问题的能力，全凭一题又一题、一次又一次的硬算，可是算出来的结果总是不对。史丰收算了一本又一本。买本子太贵，他就用废纸算，废纸也不够用了，他用柴木棍在地上算，在胳膊上算，在手上算。村里人看见他胳膊上腿上都写满了数字，不解地说："这孩子着魔了！"

史丰收真是如痴如醉。晌午，妈妈做好饭催他："丰收，快来吃饭吧。"他伏在炕上算，不动弹。

"丰收，快来吃饭，饭都凉了。"

他还不动弹，还在算。

"丰收，快吃饭吧。又该上学了。"妈妈着急地塞给他两个白馍馍。史丰收还在那里算，一直算到快上课了，他拿起两个冷馍就走。只见那白馍一口没动，上面写满了数字。

深夜，奶奶被史丰收惊醒了，只听见他在睡梦中喊着"三三""五五""七七"……老人心疼地摇摇头，给孙子盖好被子。奶奶刚躺下，又听见喊："奶奶，灯，灯，快点灯，我算出来了！"

史丰收兴奋地推醒奶奶，点燃煤油灯，把算出来的结果，用钉子划在墙上，免得第二天忘了。

每天夜里，奶奶不知道要被他叫醒多少次。老人又心疼又生气地说："哎呀，你白天吃不好，夜里睡不好，这样算下去，连命都要搭上！"

……

（郭梅尼．勤奋出天才[M]. 北京：中国少年儿童出版社，1982.）

这些资料都说明在人的智力开发过程中，个人的勤奋所起的作用。

遗传、环境、教育和勤奋在人的智力发展中各自发挥着作用，我们不能片面强调某一个方面，而忽略其他方面。

三、孩子智力开发

如前所述，人的智力水平受遗传的影响，但绝大多数人的遗传素质相差无几。正如鲁迅先生讲的："其实即使是天才，在生下来的时候第一声啼哭，也和平常的儿童一样，绝不会是一首好诗。"在现实生活中，人与人之间的智力差异主要是后天造成的，除环境和勤奋的作用外，教育起重要的作用。同样的遗传素质，不同的教育会造成人的不同的智力水平。打个比方，天然气，在地底下是客观存在的，是经过百年、千年和万年形成的，为什么在几十年前我国不能开发出来加以利用呢？其根本的原因在于我们的技术水平还达不到。智力开发也一样，没有良好的教育，再优良的遗传素质也不能自动变为现实，成为相应的智力水平。

教育包括家庭教育、学校教育和社会教育。我们这里主要论述家庭教育，而且是家庭教育的早期教育，即学龄前教育。

早期教育在智力发展的速度上，目前虽然还存在不同的观点，但下面两点是基本一致的：

① 学龄前是儿童智力发展最快的时期。

② 0~5 岁是儿童智力发展速度最佳时期。

儿童早期智力发展速度快的主要原因是与大脑的成熟有关系。生理学研究证明，成人的脑平均重约 1400 克，3 岁儿童的脑重已达到成人脑重的三分之二，其余三分之一是 3~12 岁之间达到的，到 12 岁脑重和成人基本相等。

人脑生长成熟指标						
年龄	初生	1岁	3岁	6~7岁	12岁	15岁
脑重	390克	660克	900克	1200克	1400克	成熟

早期教育的作用被天才人物的成长发展所证明。古今中外的一些名人，大都受到过良好的家庭早期教育。

歌德——早期教育出天才

歌德是一位享有世界声誉的伟大诗人。他 8 岁的时候，就能阅读法文、德文、英文、意大利文、拉丁文和希腊文等多种文字的书籍。14 岁时，他开始写剧本。16 岁入莱比锡大学学法律，并从事写作。25 岁那年，他花了四个星期时间写出了

第一部小说《少年维特之烦恼》。小说出版后，立刻风行欧洲各国，形成“维特热”。26 岁时，他当上魏玛公国的顾问和首相。

人们往往称赞歌德是一位天才。他既是德国著名诗人、剧作家，又是一位思想家。其实，歌德的才能不是天生的。先天素质固然是形成才能的条件，但决定的因素，还在于后天的教育和本人的勤奋。在歌德成长的过程中，父母对他的早期教育发生很大作用。

歌德（1749—1832），出生于德国莱茵河畔的法兰克福市。歌德的父亲叫茶坦姆伯，原是个裁缝的儿子，军人出身，但他很重视读书，学过法律专科，曾获得法学博士学位，当过地方官。他喜欢文学艺术，热衷于收集美术作品和各种书籍。在这样的家庭里，歌德从小就受到文化艺术熏陶。

歌德出生时母亲只有 18 岁，而父亲已经是 40 岁的中年人了。父亲只有歌德这一个儿子，对歌德自然非常疼爱。可是他的疼爱不是溺爱，而是从幼儿时期起就有计划地对歌德进行了严格的教育。

当歌德还是婴儿的时候，父亲经常抱他出去散步、逛公园，有时还到郊外去野游，一路上遇到什么就给孩子讲什么，培养孩子的认识能力和观察能力，使歌德从幼年起知道了很多花、草、虫、鸟等自然知识。歌德长大成为著名诗人后，依然保持着对自然科学的兴趣。他曾发现人类颚间骨并著有关于植物形态学和颜色学的论文。

当父子俩走累了，坐在草地上休息的时候，父亲就教歌德背诵歌谣。这些歌谣念起来朗朗上口，既有兴趣，又能提高孩子的口语能力。每出去一次，歌德都能背熟一两首歌谣。歌德最早受到的文学教育就是这样开始的。这种早期教育，使歌德从小就接近民间文学。后来他一直喜欢收集民歌，特别是从民间老太婆口中搜集，从中吸收丰富的营养。这对他的诗歌创作起了很大的作用。

歌德五六岁的时候，父亲常常带他外出旅游。每到一个地方，父亲就给他讲解当地的历史、地理、风俗习惯，以及在这块地上发生过什么故事。第二次再到这个地方时，父亲就让歌德把上次讲的重复一遍。这些有趣的旅游打开了孩子的眼界，培养起歌德对历史、地理，对祖国河山的热爱。

儿童心理学实验研究说明，幼儿学习口头语言的最佳年龄是 2 至 3 岁；而 4 岁左右的儿童正是形象知觉迅速发展的时期，这是他们学习书面语言的大好时机。茶坦姆伯当时未必了解这些心理学知识，但他对歌德的早期教育是符合儿童心理发展特点的。当歌德 4 岁时，父亲就开始教他识字，教他学习法、英等多种外国语。在歌德开始读书的同时，父亲还训练孩子的演讲才能。父亲常常找来很多朋友像开会一样坐在一间大屋子里，面前放一把椅子，把歌德抱到椅子上，让他在大家面前练习演讲。开始时，歌德有些胆怯，说话结结巴巴，缺乏感情。经过一段训练以后，歌德就以口齿伶俐、语言和谐、感情充沛，得到大家的喝彩。

歌德的母亲是当地市长的女儿，她性情活泼、和善可亲，能讲很多故事。歌德从小就爱听母亲讲故事。母亲为了锻炼他的思维能力和想象能力，有意在故事讲到关键处停住，问歌德：“你说以后该怎么样呀？”这时，歌德就按着故事脉络想象下去，做出各种各样的猜想。有时歌德说得不对了，母亲就像老师给学生留作业那样，让他回去好好想想，到底应该怎样才合乎情理。

歌德对母亲留的作业非常认真地去完成。晚上，他躺在床上，回想着母亲讲的故事，设想着故事发展的各种可能，有时还同奶奶商量，直到想出一个自己认为满意的答案为止。第二天，母亲在讲故事前，先让歌德说他是怎么想的，然后再讲。歌德的丰富想象与构思能力，就是这样逐渐培养起来的。这是他后来写剧本和小说的一个重要条件。

父母不仅重视孩子的智力,同时也很重视发展孩子的体力。歌德从小就学会了游泳、骑马、击剑等。体育锻炼增强了歌德的体质。他终生勤奋写作，精力充沛，一直活到83岁。

少年歌德从父亲身上学习了坚忍不拔的精神，从母亲那里承袭了乐观、幽默、善于想象的禀赋。在父母的精心教育下，歌德从小培养起对自然科学、文学艺术、音乐、绘画等兴趣，掌握了多种外语，养成刻苦读书、善于思考的良好习惯，为日后的发展打下了坚实的基础。

父母的早期教育开发了孩子的智力，培养了歌德对文学的浓厚兴趣。歌德10岁时已阅读了《伊索寓言》《鲁滨孙漂流记》《天方夜谭》等名著；开始尝试写诗，并把自己吟咏的诗作编辑成卷，呈现给父亲。

歌德的代表作是诗剧《浮士德》，全书分为两卷，共12110行。这是歌德花了60年的时间写成的巨著。诗剧通过浮士德一生的努力探索，表现了新兴的资产阶级知识分子自强不息地寻求新道路的进取精神，表达了诗人对于人类未来的远大理想。这部世界文学史上的不朽名著，曾受到革命导师马克思和列宁的极高评价。浮士德是16世纪传说里的人物，早在儿童时代，歌德就通过傀儡戏和听父母讲民间故事，接触到浮士德的故事。他在大学时代就开始写作，直到逝世前不久才全部完成。从这部巨著的产生过程中，也可以看到父母当年讲故事时在孩子心田里播下的种子，后来竟长成了参天大树。

（雷风行，杨玉琴 . 群星从这里升起——中外教子成才故事 [M]. 北京：北京师范大学出版社，1992.）

歌德的成才表明了父母对孩子进行早期教育的重要，具体如何进行早期教育，我国著名教育家陶行知的论儿童教育会给你有益的启发和指导。

陶行知论儿童教育

陶行知先生毕生致力于人民教育事业，对于儿童教育，他主张要解放创造力,把学习的自由还给学生,并具体提出了“六个解放”：

1. 解放儿童的头脑，使他们能想。层层束缚儿童创造力的裹头布必须撕下来。

2. 解放儿童的双手，使他们能干，双手要接受头脑的命令。

3. 解放儿童的眼睛，不戴有色眼镜，使眼睛能看事实。

4. 解放儿童的嘴，使他们能谈。特别要有问的自由，才能充分发挥他们的创造力。

5. 解放儿童的空间，不要把儿童关在笼中，使他们能到大自然、大社会里去扩大认识的眼界，取得丰富的学问。

6. 解放儿童的时间，不要把他们的功课表填满，不逼迫他们赶考，不和家长联合起来在功课上夹攻他们。要给他们一些时间消化学问，并且学一点儿他们渴望要学的学问，干一点儿他们高兴干的事情，绝不能把儿童全部的时间占据，使儿童失去学习人生的机会，养成无忌创造的倾向。创造的儿童教育，首先要为儿童争取时间的解放。

陶行知先生的儿童教育“六个解放”虽然不是专门针对儿童早期教育的，而是针对整个儿童教育的，但对早期教育同样具有极大的指导意义。

（《山东教育》1982 年第一期）

作为父母，如何对孩子进行早期教育？

（一）多听

多听音乐。音乐能够刺激大脑皮层的活动，调节大脑功能，促进大脑和感觉器官的发育，提高儿童的思维能力、想象能力和记忆能力，促进智力的发展和提高。因此，爱因斯坦明确指出：“我一生的事业得益于童年时期的音乐训练！”著名教育家苏霍姆林斯基对此有过非常精彩的描述：“音乐是思维能力的源泉，没有音乐教育，就没有儿童完全合乎要求的智力发展。音乐形象以新的方式在儿童面前揭示出现实中各种事物和现象的独特之处，音乐—想象—幻想—童话—创造，这便是儿童所走过的发展自己精神力量的道路。音乐的旋律在儿童心中唤起鲜明的形象，这种旋律是培养创造力的一种不可比拟的手段。”

创设高质量的音乐环境，让音乐成为幼儿生活的一部分。选择适当的音乐，在孩子们游戏、吃饭、洗澡、睡觉时播放，让他们在自然、自愿的气氛中接触音乐和接受音乐，而不能把欣赏音乐当作一门“功课”。

一般说，节奏轻柔、旋律优雅的古典音乐小品是最适合儿童聆听的。具体的音乐内容应适合幼儿的年龄特征：刚出生的宝宝，可以选择轻柔、缓慢的音乐，让宝宝感到安全、舒适；到宝宝1岁半时，可以选择有象声性的，反映各种音响的音乐让他们倾听，鼓励他们模仿发音；对2至3岁的宝宝，应着重对其听觉能力的培养，即让他们学会“感觉音乐”，这时可以选择短小、具有鲜明音乐形象的音乐让他们倾听，提高他们的音乐理解力和想象力；对4至6岁的孩子，音乐欣赏能力的培养主要是发展他们的良好态度，激发他们听各种音乐的兴趣，这一时期应注意给孩子们提供听各种音乐的机会，与他们交流听音乐的感受，以初步培养孩子“感受音乐表现力”的能力，甚至可以根据实际条件，有意识地让孩子进行一些乐器训练；等到孩子上学后，就可以对他进行正规音乐欣赏教育了。

多听故事。故事形象、生动，有情节、有内容，不死板，孩子很容易接受。故事可以扩大孩子的知识面，懂得什么是好，什么是坏，什么是美、什么是丑；故事可以锻炼孩子的记忆力，启发想象力，特别是在讲故事之际，不仅只讲情节和过程，还应多提出一些适合孩子年龄的问题，如“以后会怎么样？”“这个人会得到什么样的结果？”等。启发孩子“多思”，发展孩子的想象能力和思维能力。

一般地从孩子1岁多就开始给他讲故事，这时他不一定能听懂故事的内容，主要是培养听的习惯。故事的内容应该是健康的，万不可用一些妖魔鬼怪的故事吓唬不懂事的孩子。“谁不听话，就让大老虎吃了他”，这样的做法实在有害。给孩子讲故事，一定要注意到他的年龄特点和情绪状态，就是故事内容从简单到比较复杂，在孩子安静、情绪稳定的时候讲，效果比较好。

多听儿歌。儿歌短小、顺口，也比较具体和形象。“小白兔，白又白，两只耳朵竖起来，爱吃萝卜爱吃菜，蹦蹦跳跳真可爱。”类似的儿歌对孩子来说比较具体和形象，很容易接受。儿歌可以由成人读给他听，也可以放录音让孩子与成人一起听，如果能加一些动作，效果会更佳。儿歌的内容和形式应随孩子的成长由简单到比较复杂。听儿歌也要在孩子情绪较好的时候“自然”进行。

多听的最主要目的在于刺激孩子神经系统的活动和发展，特别是脑神经的活动和发展。

（二）多看

多看，就是陶行知先生所讲的解放儿童的眼睛，使儿童的眼睛看到客观事实。看，除在家里有目的地看动画片和连环画以外，主要是让孩子多见世面，扩大生活范围，带孩子观赏自然风光；游览名胜古迹；去公园、动物园、博物馆等，使孩子从小知道世界是这样大，东西是那样多，从而使孩子开阔眼界，增长知识。

带孩子到大自然中去

朋友，你经常带孩子到大自然中去吗？你可曾发现，孩子一到大自然中，兴致就特别高，思维立即活跃起来，提问题的积极性随之增加。大自然，好像是一部读不尽的书。它不仅能给孩子增添丰富的知识，培养他们对周围事物的观察和理解能力，还能陶冶孩子的性情，培养高尚的情趣。

去年暑假，我带儿子小亮回浙江农村探亲，一个出生在城市的孩子，面对着山乡的蓝天白云、绿水青山，情不自禁地被千姿百态的大自然吸引住了。当他眺望着一座接一座的高山时，我对他说："这是连绵不断的群山，山坡上一级级种着庄稼的田叫'梯田'。"小亮指着一处很陡的山问："妈妈，你看那座山上有一个人在做什么？"我朝着他指的方向望去，回答说："那是一位采药的老伯伯……"大自然的一切展现在孩子的眼前，经成年人稍加指点，进入孩子意识中的词汇就会带有鲜明的感情色彩，就会过目不忘。

在农村，他还看到了许多过去只在图画中、电视里看见过的东西。例如，过去他只知道牛，现在他明白有水牛、黄牛之分；过去，他只知道牛吃青草，现在他明白牛还能吃玉米秆、黄豆萁、稻草等；过去，他只知道牛能耕田，现在他明白牛还能拉磨、戽水，还明白了为什么把拖拉机叫作"铁牛"。过去他对"田地"的概念是模糊不清的，通过实地观察，他不仅明白了"田"的形状、特征，还懂得和"旱地"的区别。他很快和乡间相仿年龄的孩子交上了朋友，并在一同玩耍中学到了许多知识。每当他讲述新的收获时，我就觉得他长大了许多。

（知菊）

这位母亲的观点是正确的，体会也是深刻的。做父母的应从小让孩子走出家门，特别是两岁以后。城市的孩子应多去农村、郊区观赏自然；农村的孩子有条件、有机会时同样也应到城市观赏城市的面貌，去动物园、博物馆看一看在农村看不到的东西……

多看，就是从小解放孩子的眼睛，看到大自然和社会上真实的东西，这不仅能丰富孩子的知识，而且启发孩子多思、多问，有利于思维和观察能力的培养。

（三）多想

多想，就是陶行知先生主张的解放儿童的头脑，使他们能想。初生儿还不会想什么，随着时间的推移，孩子很快有了自己的思维活动，即想法，你让他睡，他不睡，非让你抱着不可，你不抱，他就哭，你抱着他就不哭，很安静；你坐在沙发上抱着宝宝，宝宝就哭，你抱着宝宝在屋里走动，宝宝就不哭，等等，这些事实都表明孩子有很明显的思维活动。

胖胖有了自己的主意

我孙子叫世乐，出生几个月我们就经常抱他到院里接触大人和小朋友。因为他长得有点胖,院里的大人小朋友不叫他名，都叫他“胖胖”，也经常逗他玩。

有一天，住在六层的李爷爷从阳台上给胖胖扔下一个小塑料袋，里面装着几块果丹皮。他拿在手里高兴极了，因为他最喜欢吃酸的东西。第二天，李爷爷站在阳台上喊胖胖，他乐得在我怀里乱跳，用小手指着李爷爷，啊啊地叫，因为他还不会说话。别人没有明白是啥意思，我已经明白了，他在向李爷爷要昨天给的果丹皮。在以后的日子里，孙子时常从李爷爷那里得到果丹皮等他爱吃的果品。

深秋的一天上午，李爷爷从阳台上叫胖胖。孙子听到后，高兴地从我怀里溜下来，坐在地上用小手指指李爷爷，又指指地上，嘴里不知在说什么。这样反复几次，周围的爷爷奶奶们都笑了，也都明白了他的意思，是让李爷爷把果丹皮扔下来，都说：“胖胖真聪明，已经有了自己的主意。”

孙子从开始的用小手指指，啊啊地叫，到后来的用小手指指六层的李爷爷，再指指地，表达自己意思的方式就进了一步。胖胖的主意从哪里来的呢？是他自己从生活实践中想出来的，这时他才1岁半……

（许明）

1岁半的胖胖，能有自己的主意，这说明了积极主动的思维活动。做父母的这时要主动启发引导孩子去想，去多想一点儿。特别是利用孩子生活中发生的具体事情引导孩子去想，去思考。赵先生启发孩子多想的做法值得学习。

奶奶为啥没来

——家庭教育中的扩散思维

我的独生子特别淘气，经常捅些小娄子，出些新花样。在打骂教育都不见效的情况下，我开始探索孩子淘气的心理和规律，采用因势利导的方法，让孩子走正道。

淘气孩子的头脑都比较灵活，思维也较为敏捷，好奇、好问、好动。如何将他们的这些特点引导到爱学习、动脑筋、奋发向上中去，我花了不少工夫。孩子好问，当他问到天上的彩虹时，我就领他看雨后马路上有油的地方的色彩变化，再让他在水盆里滴点油看阳光折射的光彩，最后给他看阳光通过三棱镜折射在墙上的赤橙黄绿青蓝紫七种颜色，帮他找到了彩虹形成的答案。孩子好动，一次自行车坏了，我让他换上旧衣服，给他一把螺丝刀，让他跟我一起修。孩子得到充分信任，十分认真地学着干着。仅一会儿工夫，他就记住了螺丝的正反扣旋转方向，把螺丝帽全拧上了。这些事使我懂得了：孩子的好奇、好动，应得到赞扬和及时的引导，以激励他求知的热情。为此，我选择了那些孩子熟悉和感兴趣的生活素材，对他进行了扩散思维训练。

寒假的一天，我告诉孩子："今天下午，奶奶要来咱家和你做伴。"他听了，高兴得蹦了起来。可是，我一下班进屋时，孩子却生气地说："爸爸，奶奶说话一点儿不算数，我白等了，一下午，她也没来。"听他这样说，我犹豫了，如果不许孩子批评奶奶，将使他的性格受到压抑；如果鼓励他去批评，将增加他的抱怨情绪，而宽容才能使人得到智慧和友情。于是，我就用扩散思维训练的方法，使孩子学会设身处地为别人着想，培养他的宽容品德。我对孩子说："奶奶一向很守信用。这次没来，肯定有特殊情况，你能不能把奶奶没来的所有原因都找出来，等明天我给奶奶打电话，验证你说得对不对？"见我这样说，他高兴了，兴趣十足地设想着奶奶没来的原因："可能是有急诊患者，或临时加班开会，也许是家里来了客人，或者是路太滑奶奶不能走，也许没挤上公共汽车，还有可能大姑家姗姗病了，还有可能奶奶自己突然病了……"就这样，扩散思维训练使孩子懂得了宽容，学会了设身处地为别人着想。

一天晚上，大米粥刚煮好，孩子就喊："快吃饭了，我饿了！"此时，粥热喝不下，孩子饿得急不可待。我急中生智编出大米粥的趣题，使扩散思维训练和解燃眉之急同时完成。"如果你能想出十种以上使粥很快变凉的办法，粥就不热了。"听我这样说，孩子顿时来了兴趣，他忘掉了饥肠辘辘，挖空心思地找起来："用嘴吹，电风扇吹，放凉台上，放冷水盆里，用鼓风机吹，用手扇，端着粥转圈，用勺子搅拌，加点凉菜汤……"十分钟过去了，粥凉了，孩子高高兴兴地喝了粥。我又进一步让他把答案归纳分类，看哪些是靠空气流动带走热量，哪些是靠传导散发热量，使孩子的思维有集中流畅的扩散、清晰的集中。诸如此类生活中的扩散思维训练题，孩子看得见，摸得着，在思索中不知不觉地把思维的天窗开得越来越阔。而我则在对孩子的扩散训练中，获得了新的收获，总结出儿童家庭思维训练五法，即“一形多物，一物多用，一事多因，一因多果，一题多法”的原则，同时又通过家长学校把儿童扩散思维训练也送进了别的家庭。

（赵执平）

（四）多问

这里的“多问”是指孩子的多问。刚来到人世间的孩子，大脑几乎是一片空白，面对五彩缤纷的人类社会和大自然，慢慢地处处感到新鲜、疑惑不解，因此孩子有旺盛的好奇心，无穷无尽的求知欲，脑子里藏着无数个为什么。经常问家长这个为什么，那个为什么。这是智慧的火花，创造性的萌芽。家长要遵照陶行知先生的教导：“解放儿童的头脑，使他们能想。”认真对待孩子的为什么。然而有些家长却持不耐烦的态度：“去去去，哪有那么多为什么，谁有那么多空来回答。”一次两次还没什么，久而久之孩子就变得不喜欢提问题，懒得思考问题。任何学问都是从问题开始的，当孩子养成了不喜欢思考问题的习惯，对他周围的一切失去了好奇心，没有了旺盛的求知欲，也就没有多少出息了，给孩子的心灵造成看不见的灾难性的后果。因此对于孩子的问题，哪怕是稀奇古怪的也一定要“简短地、耐心地、严肃地回答他们”，不要哄他们、欺骗他们，要用适合孩子心理的语言向他们解释。

“云彩为什么会走？”“太阳为什么在天上？”“水里为什

么有月亮？”“灰喜鹊为什么会飞？”“电视里的小狗从哪儿来的？”“爸爸妈妈为什么要上班？”“爷爷奶奶为什么不上班？”……孩子的智力就是在这些使我们难以回答的、无穷无尽的“为什么”中得到开发的。我们许多孩子的父母和家庭成员，在回答孩子问题方面有一定的体会和丰富的经验。

问不完的“为什么”

我家宝宝现在才两岁半，可他提出的一个个“为什么”让我这个一生从事教育工作的年近七旬的老教师无法回答。他随时都能把我问得哑口无言、张口结舌，现任举三例：

例一：“为什么饿？”

时针指向上午11点多，厨房里传来老伴儿做饭切菜的声音。宝宝马上停止活动，看我，很认真地发问：

“什么响？”

“奶奶在厨房里切菜。”

“奶奶为什么要切菜？”

“切菜做饭。”

“为什么要做饭？”

“中午我们好吃饭。”

“为什么要吃饭？”

“不吃饭，饿啊。”

“为什么饿？”

“……”到这里我已无言以对。

例二：“这是什么车？”

面对小区里停放的大小车辆，宝宝又来了精神，没完没了地这样问你：

“这是什么车？”

“桑塔纳。”

“这是什么车？”

“夏利。”

“这是什么车？”

“富康。”我没看他指的车，随口回答。

“不对，是伊兰特。不是富康。”

“你怎么知道是伊兰特，不是富康？”

“富康是三角，伊兰特是方的。”他指的是车的标志，虽不准确，也接近。

“这是什么车？”

“金杯。”

“这是什么车？”

“这是奥迪，你看车头有四个圆圈。”

“这是什么车？”

“……”眼前的不少车我不知名，也就无法回答宝宝的提问。

例三：“为什么刮风？”

宝宝在屋里玩得正高兴，窗外传来刮风声，呼呼作响。他停止手里的活动，向窗外看了一看，又开始发问了：

“爷爷，什么响？”

“外面刮风了。”

“为什么刮风？”

“你看，风刮的树枝在动。”我想转移他的让我难以回答的“为什么刮风？”

“树枝为什么动？”

“风刮的啊。”

“为什么刮风？”

“……”又回到了原来的“为什么”。

多问，这是学龄前儿童的特点。作为大人，面对他的“为什么”要认真对待，不可三心二意。

首先，要认真回答孩子的问题。对宝宝的“为什么饿？”我不能给他讲生理学中的消化原理；对“为什么刮风？”我不能给他讲空气流动的原理，因为他还无能力接受，我只是给他说：“你还小，长大了就会知道。”小区里的不少车我不认识，叫不上名，我告诉他：“爷爷不认识这些车，叫不上名，问你爸爸妈妈，他们会给你说，这是什么车。”类似这样的回答也能满足他的发问。

对孩子的发问不能烦。孩子的发问，不选时间和地点，也不管你忙还是闲，还是心情如何，他随时随地都可以提出问题。不管你多忙，心情多不好，都要妥善处理好孩子的发问。“我现在正忙，待会儿给你讲好吗？”一般孩子也就不问了，但事后必须回答他的问题。千万不能对孩子说：“去、去，一边玩去，哪有那么多为什么！”“我忙着呢，一边玩去，别来烦我！”等等类似的话就等于扑灭了孩子求知的火花，在开发孩子智力的道路上设置了障碍。

启发孩子多问。结合孩子生活中发生的事情，大人们要主动启发他多问“为什么”。寒冬的一天，宝宝对我说：

“爷爷我要去颐和园。”

“去颐和园干什么？”

"去颐和园玩。"

"大冬天的颐和园有什么好玩的？"

"我要去颐和园坐大船。"

"冬天颐和园没有船。"

"为什么没有船？"

"湖里没有水，船不能开。"

"为什么没有水？"

"冬天都结冰了。"

"为什么要结冰？"

"冬天天气冷啊。"

"为什么冷？"

"……"到这里我只能告诉他，等你长大上学了老师就会告诉你冬天为什么冷，为什么河里会结冰……

发问是孩子的天性，他在主动探索周围的事。作为父母和家庭其他成员，不但要认真回答孩子的问题，而且要鼓励、启发、引导孩子多问，使孩子在无数的"为什么"中展开智慧的翅膀，自由飞翔。

（许明）

（五）多说

多说与多听、多看、多想、多问密切相联。孩子从说简单的话开始，就是在听、看、想、问的过程中刺激他说话的。实验研究表明，2~3 岁是儿童口头语言发展的最佳年龄。

陶行知先生指出："解放儿童的嘴，使他们能谈。"这是因为语言是思维的工具，思维是通过语言来实现的。这个语言工具不精，孩子的思维活动就会受到限制，智力发展就会受到负面影响。斯大林指出："……语言是工具、武器，人们利用它来互相交际、交流思想，达到互相了解。语言是直接与思维联系着的，它把人的思维活动的结果，认识活动的结果，用词及由词组成的句子记载下来、巩固起来，这样就使人类社会中思想交流成为可能了。"所以，教育家们都很重视儿童语言的发展。

陶行知的"文化早餐"

20 世纪 30 年代末，著名教育家陶行知在四川重庆北碚创办了育才学校。每天清晨，他带领师生做早操，然后举行朝会，先唱《手脑相长歌》："人生两个宝，双手和大脑；用手不用脑，饭也吃不饱；用脑不用手，要被人打倒；手脑都会用，才算开天辟地大好佬。"唱完后师生们都要轮流做简短的演讲。

陶行知把这种讲话称作"文化早餐"。

（摘自《湖南周末》）

陶行知的"文化早餐"就是培养和发展学生的语言表达能力的。他虽不是具体针对学龄前教育的，但对学龄前儿童的语言发展具有同样的指导意义。孩子的父母要重视孩子的语言发展，其方法就是让孩子多说。

引导孩子说完整的话。孩子刚开始说话时，往往只说一个字，如他要吃水果，就指着某水果说："果。"从这时开始父母就应引导他说清一个字，逐渐教他说两个字、三个字……到说一句完整的话，如"果果""吃果果""我要吃果果""我要吃梨""我要吃苹果"，到这里已经达到了说完整一句话的水平。引导孩子说完整话，不能操之过急，要一步一步提高，但也不能长时间停留在说半句话上。

启发孩子多说话。结合孩子生活中的事，教孩子多说话，并逐渐提高难度。在家里，“电视”“这是电视机”“请打开电视机”“爸爸上班”“妈妈上班”“爸爸妈妈上班去了”……在户外，“刘奶奶”“大龙哥哥奶奶”“刘奶奶是大龙哥哥的奶奶”“这是商场”……就这样在多说中发展和提高孩子的语言能力，使这个思维的工具合格、精良，以促进孩子的智力发展。

（六）多动手

多动手是孩子的天性，从他会爬开始，对什么都想去抓，特别是会走动后更是如此，没有害怕一说，对屋里的什么东西都想摸，都敢动手。这是孩子好奇、探索、求知的最初表现。父母要遵照陶行知先生“解放孩子的双手，使他们能干”的教导，支持孩子多动手，引导孩子多动手。

“破坏玩具”是学龄前儿童动手最多的事，爸爸买来一辆遥控汽车玩具，真好玩，可以遥控它往前跑，还会拐弯，这是怎么回事？于是亲自动起手来，这里拆拆，那里掰掰，没有多久，一辆200多元买来的汽车被搞得稀里哗啦，瘫痪在那里动不了了。这不是孩子的“败家”,而是孩子的求知欲在“作怪”。对孩子的“破坏玩具”的行为，父母和家人都要正确对待，对新玩具首先要教他如何操作；对孩子感到奇怪的部分，和孩子一起拆开看看，满足他的好奇心，这样既保护了玩具，也满足了孩子的需求,更重要的是保护了孩子的求知欲和探究的精神。对于孩子把玩具搞坏，有的家长很“痛心”，轻则臭骂一通“败家子，光会拆，不会玩”；重则小屁股揍几下，干脆把玩具收起来，不让玩。这样的家长不明白孩子为什么要拆玩具。实际上这恰恰是孩子求知欲的开始。任何发明家，都有亲自动手、亲自实践、在实践中解决问题的能力。如果从小就禁止这种能力的发展，大了会怎么样呢？结果是可想而知的。

你做什么他就做什么。孩子长到 2 岁多后，其模仿心理增强，突出的表现是大人做什么他也要做什么。妈妈扫地，孩子也跑过来夺妈妈手里的扫帚；爸爸用拍子打蚊子，孩子也要抢拍子打蚊子，够不着，还想站在桌子上……这些都是孩子生活中时常发生的事，也是培养孩子多动手的好时机。他要扫地，你就事先准备好一把小的扫帚；他要打蚊子，就给他一个拍子，让他随便打。虽然他地扫不好，越扫越乱，妈妈还得反复去扫；蚊子他也不可能打下来，但扫和打的过程就培养了孩子的动手能力。有的家长烦孩子的这种“捣乱”，往往限制孩子的这种模仿行为，“去去去，别来掺乱，你越扫地越脏，还不如我自己扫”。这样剥夺了孩子动手的权利，孩子失去了动手的机会，多次以后孩子也就不动手了，表现得安静多了，但对孩子的发展起了消极作用。俗话说“心灵手巧”，可手巧也能促进心灵，这就是动手对开发智力的作用。如果从小就不让孩子多动手，他的小手怎么会巧呢？

教孩子多动手。随着孩子的长大，让他在参与家务劳动中学会动手。妈妈准备做饭要择菜，就让孩子坐在你一旁，教他择菜，芹菜怎么择，豆角怎么择，这时候别怕他择不好，甚至浪费；该吃饭了，让孩子把筷子拿到桌子去摆好，把凳子放好；该睡觉了，教他自己脱衣服，摆好枕头。父母要在日常生活中引导孩子动手，教会孩子怎么动手，使孩子的小手从小就巧起来。

（七）引趣

在早期教育的过程中，除让孩子多听、多看、多想、多问、多说、多动手外，也可以让孩子学点什么。游泳、画画、舞蹈、唱歌……都可以学习，在学习相关知识的过程中开发孩子的智力。但要根据孩子的条件，要引导和启发孩子的兴趣，万不可把父母的意愿加给孩子，否则会适得其反。

强扭的瓜不甜

眼下家家一个宝贝儿，谁都盼着自己的孩子成“龙”。我整天寻思着让儿子学点什么。听说学游泳是个冷门，不像画画、电子琴什么的，学的满世界都是。正巧赶上体校办游泳训练班。“对！让他学游泳！”

我主意一定，立刻给他报了名，还给他买了崭新的游泳裤。

清清的池水，红白相间的泳道，把水面分成几条。看着儿子照教练的要求，在水中反复做着打水、划水的规定动作，我们仿佛看见了一块金牌在闪耀，一簇簇鲜花在摆动，儿子在领奖台上冲我微笑。

“爸爸！”儿子哆里哆嗦地从水里爬上来，一脸苦相地说，“我肚子疼！”

“过来，我给你揉揉！”我瞟着教练，小声说。

“爸爸，咱们回家吧！我不学了！”

“什么？”我心中的金牌涂上一层阴影，立刻一口拒绝，“不行！”

儿子垂着头走了。可是他并没有真正服从，这小子开始跟我“掉猴儿”了。之后不是脑袋疼，就是肚子疼，再不就是腿抽筋儿，变着法儿不下水。

一天，教练把假装上厕所的儿子提溜出来，虎着脸训了一通，过后对我说：“孩子没兴趣别强求了吧。”

我的脸上直发烧，瞧着人家的孩子，在碧水中活泼地游着，像一条条小鱼。听着身后其他家长的窃笑，虚荣心、嫉妒心一起涌上我的心头。我不由得一股火蹿了上来，抬手给了儿子一个满脸花。顿时，儿子那白嫩的小脸上起了五条红印。

回到家里，我余怒未消，把孩子拖过来按在床上，抄起笤帚，直打得孩子的哭声都嘶哑了才住手。我瞪着眼睛问：“你到底学不学游泳？”

“不学！”孩子的声音微弱却有力。

我泄了气，扔下笤帚，一屁股坐在床上。有人对我说，还是揍得不狠，不打不成材！妻子心疼地说：“这哪像你啊！简直没有人性，有这么教育孩子的吗？”

儿子说：“你别逼我了，我不是那块料，我就喜欢读书。以后门门都考一百分还不行吗？”

儿子不再下游泳池了，他的功课果然门门名列前茅。他还能抱起手风琴拉出一支支欢快的曲子，唱出一曲曲动听的歌，背诵一段段优美的诗。老师和同学都认为他是班上的骄傲。

看来对孩子的培养应该注意他的兴趣，强扭的瓜不甜。

（许立仁）

“强扭的瓜不甜”，这是许先生的经验、教训、忠告，这应该引起每位孩子父母的思考。

总的来说，早期教育的方式并不是学校教育的方式，它是一种“艺术”，既不能给孩子造成负担和心理压力，又要给孩子提供有兴趣的相应的知识，并促进孩子的智力发展。重要的是不要强迫孩子做这学那，在许多情况下，教育要结合孩子的生活，顺其自然。让我们从下文中受到启发，正确对待孩子的早期教育。

顺其自然

早就听说，自从各地出了某些“神童”之后，不少年轻的父母为着使自己的孩子早日成才，都在试着教幼儿识字和计算。这自然是件好事，但据了解，其间急于求成、教育不得法者颇多。结果，花了不少力气，效果却不佳。前不久，我顺道到一位朋友家去看看。一进门，只见他正在教5岁的爱子识字，手里拿着一本小学一年级语文课本，一个字一个字点着让孩子认，认对了就给一粒糖或者其他什么小玩意，以调动其积极性。我问他效果怎么样，他笑笑说：“开始还行，现在越来越不行，学不了几个字就不爱学了。犬子不可教也。”

类似这样的例子，平日也时常听到。其实，我觉得这并不是孩子“不可教”，而是“教不得法”。记得德国法学家卡尔·威特幼年时，他父亲要他分西瓜的例子倒颇有启发。

有一次，威特的父亲买了一个西瓜。小威特一见乐了，可他父亲却说：“吃西瓜前我先问你一个问题，咱们两人吃这个西瓜，每人吃多少？”“半个。”威特不假思索地做了回答。“如果咱们和爷爷、奶奶四个人吃这个西瓜，每人吃多少？”威特听罢，眨了眨小眼睛，笑着说：“半个的半个。”

就这样，西瓜还没吃，一堂数学课已经上好了。这种顺其自然的教学方法是何等好啊！而我们有些家长往往急于求成，不管孩子要不要，一味地逼着他学，甚至威逼、体罚，这样怎能收到好效果呢？久而久之，孩子对学习反而会产生厌倦的情绪和害怕的心理。

教幼儿识字或计数，要顺其自然，注意方法。幼儿毕竟是幼儿，不是成人，不同于小学生。从心理发展来看，他们初入人世，犹如一张白纸，知识经验都相当贫乏，无意注意占主导地位，第二信号系统还不够发展，主要是以直观表象的形式来认识外界事物的。因此，我们教幼儿识字和计数，一定要针对他的这一年龄特点，唤起幼儿的兴趣，结合其生活实际，顺其自然，切不能小学化、成人化，为识字而识字，为计数而计数，否则，你越是让孩子死记硬背，用大量的僵死的东西来充斥孩子的头脑，逼着孩子灌进去，就越无助于孩子智力的发展。

教幼儿识字和计数，对幼儿来说，不是早期教育的根本目的，而是在于以此发展其智力。日本心理学家、教育学家木村久一说得好："对早期教育有误解的人，以为早期教育就是教三四岁的孩子识字和写字，这是错误的。单是识字和写字这不是教育，没有必要一定过早地教。但是，从听力入手交给孩子丰富的语言，应尽可能早一些开始。"木村久一这一段话，值得年轻的父母们深思。

（陈贤德）

四、智力水平和学习成绩

孩子的智力水平影响其学习成绩的优劣，即智商高考试成绩就高，智商低考试成绩就低，从理论上讲这是成立的。但教育实践表明，智力水平和学习成绩之间的关系比较复杂，最主要的有以下五种情况：

（一）孩子的智商高，学习成绩优

这类孩子天生比较聪明，又勤奋学习。家长要配合教师指导他们独立地、创造性地学习，适当提供较高难度的学习材料，减少一般性的、简单机械重复的练习。

（二）孩子智商一般，学习成绩优

这类孩子的高分往往是用死记硬背的学习方法，付出高代价而获得的。对于这样的孩子，家长要鼓励和指导其打好基础，主要是消化教师课堂上讲的知识，改进学习方法，不应要求他们学习过难的材料。

（三）孩子智商高，学习成绩一般或差

这类孩子的情况比较复杂：有学习目的问题、有学习动机问题、有学习兴趣和态度问题，也有学习方法的问题。家长要了解孩子的真实情况，针对具体情况，区别对待，引导他们发挥潜在的智力资源。这类孩子，只要针对性地解决了具体问题，很快就能成为优等生。

（四）孩子智商低，学习成绩差

这样的孩子虽不多见，但还是有的。对于这样的孩子，家长不能要求过高，不要与别人家的孩子相比；也不能操之过急，“拔苗助长”。应该根据孩子的具体情况，指导他们加强基础训练。打好基础，逐步提高学习成绩，这不但可能，而且是现实的。

（五）孩子智商一般或低，学习成绩差，但有某方面的能力

这些孩子学习比较困难，学习成绩也不上去，有的还很差，但有某一方面的特长，如体育、音乐、美术、制作……家长应创造条件，发挥他们的特长，培养他们的特长，在学习成绩上不要提出过高的要求，只要“过得去”就行，把培养重点放在特长上。

由此可见，父母对孩子的学习要求，一定要考虑他的智力水平和实际能力。在孩子成长过程中，父母也应针对具体情况调整要求，不能一味地要求孩子得高分，有的根本得不了高分，有的得了高分，但可能毁了孩子的特长。请看看下面几位家长的做法和体会。

我被儿子画成大灰狼

前段时间，我听说了这样一件事：6 岁的儿子上学去了，爸爸帮他收拾东西时发现抽屉的最下层压着一张纸，纸上画着一幅铅笔画：一只小白兔在眼泪汪汪地弹钢琴，旁边站着一只大灰狼，伸出长长的舌头恶狠狠地瞪着小白兔。整个画面都是用铅笔画的。唯独大灰狼的舌头用水彩笔涂了又涂，血红血红的。这位家长说，孩子 3 岁多就开始学钢琴，每个星期天无论刮风下雨，他都按时接送。3 年了，他辛辛苦苦却闹了这么个结果。你对这位家长有什么忠告？

首先，这位家长应趁孩子没放学把画送回去。家长希望孩子多才多艺，但不能不考虑孩子的特点，让其按照自己的愿望盲目发展。我们对幼儿的培养主要是兴趣的培养，目的是以此

培养幼儿的能力，使其全面和谐地发展，因此家长不要将兴趣培养变成专业培养。在兴趣培养上，不是家长让孩子学什么孩子就学什么，而是孩子喜欢学什么就学什么。

我认识这样一位家长，特别希望女儿成为一名钢琴家。女儿4岁零7个月时，他为她买了一架昂贵的钢琴，并且请到了上海音乐学院的一位教授给女儿上钢琴课。他要求孩子每天练两个小时琴。可是女儿不喜欢弹琴，总是哭哭啼啼。幼儿园的老师知道后，与这位父亲进行了多次谈话。老师介绍说，这个女孩在幼儿园特别喜欢看书，还爱讲故事，而且讲得很好。小朋友都爱听她讲故事。她建议家长发挥孩子口头表达能力强的特长，从她最感兴趣的方面进行培养。这位家长经过慎重考虑，接受了老师的建议。他买了一些书、一部手机和一些空白磁带，在孩子的房间设立了一个语言角。小女孩可高兴了，从幼儿园回来的第一件事就是去自己的语言角看书、讲故事，再把讲的故事录下来。后来，这个小姑娘成了上海电视台少儿节目最小的主持人。这位父亲发挥了孩子的智能，调整孩子专长培养的方向，收到了很好的效果，值得我们借鉴。

被画成“大灰狼”的父亲，应该调整对儿子的要求，如果不吸取教训，还继续让儿子练钢琴，很有可能毁了儿子的才能。在这一点上我们应向第二位家长学习，由于他调整了对女儿的培养方向，发挥了女儿的潜能，结果女儿成功了。

在现实生活中，有许多家长不考虑孩子的智力水平，不顾孩子的兴趣爱好，就一个要求，就一个目标：考高分、升名牌大学。这不仅毁了孩子的特长，严重的会给孩子造成心理问题，甚至把孩子逼上绝路。

我醒悟了

——一个家长的自述

我的儿子小学毕业后，以优异的成绩考取了一所上海名牌市重点中学。我们全家从他的祖母开始，都十分喜欢他。但他毕竟还是个十一二岁的孩子，不能控制自己。由于贪玩，他的学习成绩逐渐下降，初三毕业时，未能直升这所重点中学的高中，那天孩子回来后，遭到我一顿狠狠的训斥。后来又因为相差几分，市、区两所重点中学都未录取他。最后，他只好进入一所非重点中学。那时孩子难过极了，常常不思饮食。当我得知他同学有考取重点中学的时候，不但没有安慰他，反而对他破口大骂："你从市重点中学连跌两级，落到这种垃圾学校，你还有脸回来？这下你完了！"

想想以往我与亲友、同事谈论孩子时，我是那样的自豪。我的儿子在市重点中学读初中，这意味着他的一只脚已经跨进了大学。大家夸他有出息，我脸上也光彩。我儿子又是两房合一子，所以全家人对他更爱若珍宝。可是，为了能让他考上大学，我却把对孩子的爱深深地隐藏在心里，严厉地要他把学习拼上去，有时还有意使用侮辱性的字眼刺激他一下。整个暑假，我没有给他看过一点儿好脸色，开口说他"不争气"，闭口骂他"不要脸"。孩子在我的漫骂和冷眼中度过了煎熬的暑假。

开学以后，他忍着委屈和耻辱，开始了高中的生活。但是他从此变了——变得不声不响、郁郁闷闷。据老师说，课外活动时，别的同学都在操场上龙腾虎跃，唯独他常常紧皱双眉，站在操场边；课间时，同学们都奔出教室，追逐戏耍，他却坐在教室里，埋头做作业。此时他只有一个心愿：就是把学习搞上去，考上大学。

对儿子的这些努力，我并不是一无所知。他在写给初三班主任的信中说：“从市重点一下子落到一所普通中学，这一跤把我摔醒了。我决心抓紧分分秒秒，从头开始，如果你有复习资料，请给我一些。”经过一段时间的努力，他的学习成绩在班级和年级里都名列前茅。在高一第一学期中考试成绩公布的那一天，我一下班回来，他就喜气洋洋地对我说：“爸爸，这次期中考试，我的总分全班第一，全年级第二，受到学校表扬了。”他那高兴的神态和对我亲热的样子,我已好久没有看到了。他好像又活泼起来，话也多起来了。他还告诉我，班主任希望他期末大考争取年级第一名，又将要让他参加区里的数理化竞赛，让他学习电子计算机。听了他的话，我当然很高兴，但我又暗暗地想,这样逼一逼不就上去了吗？今后我还要把“发条”扭得再紧一些。我生怕儿子有了进步会骄傲起来，以至于前功尽弃。于是我把满心的欢喜又深深地藏在心里，依然板着脸冷冷地对他说：“你不要骨头轻，你在这种垃圾学校里，就是顶好的学生,也顶不上市重点中学里最差的学生。如果你成绩好,人家市重点中学为什么不要你！”我的这番话原来想给他降降温，让他头脑清醒些。可是我万万没想到，我的话却使他那积雪未融化的心理又增加了一层冰。从此，他又消沉起来。到了高中第一学期结束，他的数、理、化成绩虽为全年级第一名，可是英语却开了“红灯”，得了 56 分。当他知道自己英语不及格时，顿时脸色刷白。班主任关切地问他外语怎么没考好。他难过地说：“我实在太疲劳了，没有把它复习好。”

那天我下班回来，看他一声不响，知道事情不妙，就急忙问他：“放假了，学生手册拿回来了吗？考得怎么样？”他低声回答："考得不好，英语不及格。"说着把学生手册递给了我。我一看便大发雷霆，连声骂道："不要脸的东西，你越来越不像话了，考了个不及格还有脸回来，要我签名盖章。"我愤愤地将学生手册摔在桌子上。这时儿子痛哭起来。

就这样，一直到儿子身亡，我都没有给他的学生手册签名盖章。现在想起来，我真悔恨，我心里很爱儿子，可是爱之愈深，求之愈切，逼之愈紧，结果使一个才 16 岁的孩子走上了绝路。

我现在痛恨这片面追求升学率的思想，它使我着了魔，使我逼着孩子一定要考上大学，结果造成这一场悲剧。

现在我觉醒了。这是用我儿子生命的代价换来的觉醒。我还有一个女儿，我一定协同学校，按照党的要求培养他。我希望广大家长吸取我的沉痛教训，一定要从孩子的实际条件出发，循循善诱，因材施教，使他们都健康地成长，成为四化建设的有用之才。

（《文汇报》1986 年 4 月）

父亲"望子成龙"的思想，父亲"逼子成龙"的教育方式，把儿子"逼"上了绝路。一个"逼"字使一位 16 岁的花季少年过早地、人为地离开了这个五彩缤纷的世界。这个血的教训告诉人们：培养孩子"一定要从孩子的实际条件出发"，不能把家长的主观愿望和期待强加给孩子，否则会竹篮打水一场空。

家长可根据孩子的不同年龄阶段，选择一些有趣的智力题，共同讨论，以提高孩子的思维能力。（见附一、附二）

附一：思维训练题（十则）

1. 小华不小心将发卡掉入盛着麦乳精的杯子里，她急忙用手取出，不但手没湿，连发卡都没湿，这是怎么回事？

2. 两个爸爸和两个儿子分吃三个苹果，结果每人都会分到一个，是怎么分的？

3. 树上有十只鸟，打死一只，树上还有几只？

4. 有十支点燃的蜡烛吹灭了一支，最后还剩几支蜡烛？

5. 十个杯子排成一排，左边五个装满汽水，右边五个是空的，只许移动两个杯子，怎样才能使空杯子满杯子间隔排列？

6. 只切三刀，把一块豆腐切成八块，怎样切？

7. 自鸣钟每到几点就响几下，半点响一下。小红半夜醒来刚好听到一响，从这就没有睡觉，又听到三次一响。小红醒来时几点钟？

8. 某人正在屋内读书，停电了，屋里漆黑一团，可他仍在继续津津有味地读书，这到底是怎么回事？

9. 酱油瓶上塞着软木塞，不准拔出软木塞，不准把瓶子及软木塞弄碎或钻孔，怎样把酱油倒出？

10. 一个盘子里放十个苹果，分给十个人，分完后盘子里还有一个苹果，怎么分的？

【答案】

1. 杯子里盛的是麦乳精颗粒。

2. 爷爷、爸爸、儿子。

3. 一只都没有。

4. 十支。

5. 将第二、第四杯的汽水倒入第七、第九个空杯子中。

6. 竖着把豆腐切个十字，再横着切一刀。

7.12 点。

8. 这人是盲人，在读盲文。

9. 把软木塞捅入瓶子。

10. 一人一个，最后一个人的苹果就放在盘子里。

附二：世界经典趣味智力题（十则）

1. 平方米数学课上，老师讲到 1 平方米等于 100 万平方毫米。小艾米莉听了之后非常惊奇，她不敢相信有那么多，便决定自己亲自点一下数。她找来一张长宽均为 1 米的纸，在每个面积为一平方毫米的正方形上点点计数。假如她一秒钟能点一个，她能在 1 天内点得过来吗？

2. 填算式。肥原先生想考一考自己的儿子，便给他出了一道题："今年是 1978 年。请你将 1 到 9 这 9 个自然数填入下面这个算式，使它成立。每格一个数。并且一个数不能用两次。你会吗？"儿子思考半晌，终于填了出来。肥原先生满意地笑了。你会填吗？

□□□□□□ ÷ □□□ =1978

3. 最大的数字。爸爸问正在做数学题的汤姆："你用 1、2、3 这三个数字各一次，所能组成的最大数字是什么？"汤姆不假思索地回答："321！"爸爸却微笑着摇头，汤姆不知道是为什么。你能告诉他吗？

4. 梯形数塔。古代人的智慧比我们所想象的要高得多。最近，在埃及金字塔内的壁刻上，考古学家发现了一个有趣的梯形数塔，其中？处所乘的数字仍为1个，而各行的待加数字也是有一定的变化规律的，你能把它填好吗？

9×？+？=88

98×？+？=888

987×？+？=8888

9876×？+？=88888

98765×？+？=888888

987654×？+？=8888888

9876543×？+？=88888888

98765432×？+？=888888888

5. 足球色块。也许你是一位不折不扣的狂热的足球迷，可是你注意过足球上的黑白色块吗？足球一般是由黑色正五角形和白色正六角形组成的，其中黑色的正五角形有12个，那么你能由此推算出白色正六角形有多少吗？

6. 神钟断案。北宋年间，一个叫阮松的秀才向亲戚朋友借了几十两银子,来到东京汴梁赶考。他晚上住在一个小客店里，中间出去了一趟，很快回来后便发现银子不翼而飞了。他一状告到包青天的大堂上。包拯由案情推断出小偷就在客店里的十几个人中，便把他们统统带到堂上审问，但没有一个人承认自己偷了银子。

包公把十几个人带到了城南的一座黑漆漆的古庙里，说："这庙里有一口神钟，铁面无私，偷东西的人用手一摸，钟立即就会嗡嗡作响。"于是他命令这十几个人轮流进去摸一把，但是钟并没有作响。

包公把他们带到亮处，让他们面对庙门，双手背后。他逐一看过去，一下子就找出了小偷，原来是店里的小二！包公是怎样找出小偷的呢?

7. 列车盗窃案。黄处长从北京到广州去办事，乘坐的是15次特快列车。他周围的3位乘客分别去信阳、武汉和长沙。列车运行到郑州站，停车15分钟，4位乘客都有事离开了自己的座位。当黄处长办完事回到座位上时，列车刚好启动，他再看看自己装有1000元现金的小手提包，已经找不到了。他慌忙去报告了乘警。乘警检查了其他3位乘客。去信阳的人说停车时他下去买早点吃了，去长沙的人说他到车上的厕所大便去了，去武汉的人说他去另一车厢去看望同行的朋友。听完他们的叙述，乘警认定去长沙的人偷了这笔钱。为什么呢?

8. 躲哪儿去了。一名爆炸犯最近四处作案，伤害了不少平民百姓。这天，警察发现他驾驶一辆微型轿车逃窜至C街区，便迅速出动，将该街区的各个路口严密封锁起来，盘查过往车辆，但始终没有发现那辆微型轿车的影子。探长亨特忽然想起了什么，便拿起警察查车时拍下的各辆汽车的照片反复查看，指着其中唯一的一辆封闭式货车说:“案犯就是乘这辆车逃之夭夭的。”亨特是怎么知道的呢?

9. 被盗的自行车。老梁骑自行车去商店买东西，路上忽然内急，正好路边有一个公共厕所，他便停下来用环形锁锁住车的前轮，一头扎进了厕所。几分钟后他出来，却发现自行车不翼而飞了。他回想起来，当时附近只有几个小男孩在滑旱冰玩耍，肯定是他们偷了自行车。他们身单力薄，一定逃不远。老梁拔腿就追，最后在几里远的地方找回了自行车。奇怪的是，自行车的锁锁得好好的没有动过，那么小男孩怎么会有那么大力气将自行车搬运这么远呢?

10. 偷瓜贼。老李种了一片西瓜。西瓜地是圆形的，其半径是6米。老李不能一直在瓜地里守着，便将一只凶猛的大狼狗拴在瓜地中心的木柱上，绳长也是6米。偷瓜贼趁老李不在来偷瓜，大狼狗马上气势汹汹地向他扑来，使他不能得逞。但偷瓜贼十分狡猾，他想出一条妙计，偷走了瓜，又让狗咬不着他。你知道他是怎么做的吗？

【答案】

1. 点不完。即使她一天24小时不停歇地数下去，也只能数出86400个正方形，因为24小时只有86400秒。要数出100万个正方形。她要不间断地工作12天。

2. 除数肯定是大于123的数。另外，可被用作被除数的最大数是987654，用1978作除数得499，即除数不会超过499。这样推算出694278÷351=1978。

3. 用1、2、3这三个数字所能组成的最大数字是3^{21}=10460353203，远比321大。

4. 各行所乘数是9。各行待加数字分别为7、6、5、4、3、2、1、0。

5. 白色正方形有20个。五角形之间不一定绝对相邻，而六角形的6条边中有3条与五角形相邻。因此，先将五角形总边数乘以12，结果共有60条边，再除以3条五角形与六角形的共用边，可得出六角形共有20个。

6. 包公事先已经在神钟上抹了一层锅底灰，小偷偷了银子，做贼心虚，不敢用手去摸神钟，结果其他人都一手漆黑，只有他的一双手是白的。

7. 因为列车在停靠车站时，为了保证站内卫生，厕所门一律锁着，不准旅客使用，可见去长沙的人在撒谎。

8. 爆炸犯将微型轿车装进封闭式货车逃走。

9. 小男孩将滑冰鞋脱下来绑到自行车前轮下面，即使自行车锁着，他也能将它运到很远的地方。

10. 偷瓜贼顺一个方向跑，引得狗转着圈追他，直至拴狗绳全缠到木桩上为止，这样他就可以放心地偷瓜了。

第三章

品德，照亮孩子一生的光源

品德、知识、能力是一个人事业成功的基本条件。而品德是成功的基石。有了牢固的品德基石，缺少知识，可以勤奋学习而获得，能力欠缺可以通过锻炼去提高；如果没有良好的品德，有知识、有能力事业也不会成功，就是在一定的时间内获得成功，最终也将会失败，甚至毁掉自己的一生，这就是做事先做人的道理。

一个人的品德，具有什么样的水准，第一步是从家庭迈出的，因此，做父母的要十分重视对孩子的品德培养。

做人教育是家教核心。孩子人格的好坏，直接受父母的影响，父母的人格力量是潜移默化地通过模仿、暗示和感染的机制而影响、传递给孩子的。60 名状元（1999 年考入北京大学和清华大学的文、理科状元——引者）中许多人坦言，高考的成功来源于良好家教带来的精神力量。辽宁文科状元黄晓庆告诉我：“我学习上有点失误，父母不大批评；若在做人方面不行可就难过关了。”浙江文科状元陈春仙说：“我父母没有文化，但人格伟大，给我奋斗的精神和力量。”甘肃文科状元张瑞采的父亲是人事干部，她说：“我爸爸从不收任何人的礼物，教育我做无私的人，我就照我父亲那样做。”吉林文科状元孙艳萍说：“我小时候母亲教育我要做一个正直的人，还说女孩子不要追求漂亮打扮。这对我的成长很重要。”

这是中国科学院心理研究所王极盛教授的调查，它说明了家庭的品德教育在孩子成长发展中的作用。

（《青少年心理健康》2005 年第四期）

一、教育孩子学会做人

做事先做人，这是中华民族的传统思想，也是品德教育中的精华。自古至今，有远见的父母都十分重视孩子优秀品德的培养，“岳母刺字”“孟母三迁”都传为佳话。真正的事业成功者，都受到良好的家庭教育，尤其是如何做人方面的教育。

将门之子戚继光

明代著名爱国将领、杰出的军事家戚继光（1528−1587），出生于山东济宁一户将门世家。

这户将门世家，就是当时负责山东沿海备倭军事指挥的戚景通家。

56 岁的戚景通晚年得子，心里有说不出的高兴，给儿子取个什么名字呢？孩子是在一个阳光灿烂的早晨出生的，戚景通望着满天绚丽的朝霞，多么盼望儿子将来能继承将门传统，为国为家争光啊，于是就给孩子取名叫继光。

因戚景通是一位武艺精熟、治军严明的将领，对戚继光寄予很大的期望，教育也十分严格，除了教儿子读书、写字、练习武艺之外，还经常对其进行品德教育，讲述保国安民的道理。

童年时代的戚继光，随着父亲住在各地驻防的哨所，耳濡目染，从小就喜欢军事。他最爱听父亲讲打仗的故事，最感兴趣的是做军事游戏。他常常拿泥巴砌成城墙，堆瓦砾为营垒，削竹剪纸做旗帜，布成阵势，然后自己充当将帅，和其他小伙伴进行一场假想的战争。

戚景通不但善于带兵打仗，而且为人正直，生活俭朴。他十分钟爱戚继光，但在生活上对戚继光要求很严格。

戚继光12岁那年，他家维修住房，戚景通要木匠在堂前安设4扇雕花门户。木匠的领头认为戚家是将门之家，应当把宅第修建得富丽堂皇一些，但又不敢擅自做主，就有意地对戚继光说："你父亲是将军，按照他的身份，你们家可以做12扇雕花门呢！"

戚继光听了木匠的话，兴冲冲地跑到父亲面前，天真地问道："爸爸咱们家可以做12扇雕花门，您为什么只做4扇呢？"

父亲听了，严肃地对戚继光说："孩子，4扇雕花门已经够好的了。你小小年纪，不应该爱虚荣，讲排场，要好好地造就自己的品德，才能保家守业，否则连这4扇花门也是保不住的！你现在就想住好看的房子，长大以后怎么会有出息呢？"

戚继光听了父亲的这番话，知道自己错了，红着脸对父亲说："您不要生气，我一定记住您的话，长大后做一个有出息的人。"

又有一次，父亲正在院子里散步，忽然看见戚继光从里屋走出来，脚上穿着一双漂亮的丝鞋，绿色的鞋面上还绣着两朵耀眼的红花，就叫住儿子问道："这鞋是哪儿来的？"

戚继光回答说："是妈妈让我穿的。"

戚景通带着戚继光进内室问夫人，夫人说是外祖父送给孩子的。戚景通对儿子说：“咱们这样的人家，不能穿丝鞋。你小小年纪就追求奢侈华丽的东西，长大了一定是个纨绔子弟，要是当了军官，说不定还会侵吞士兵的粮饷。这样下去，岂不败坏戚家的声誉吗？”父亲当场责令儿子把丝鞋脱下来，不许再穿，以免他自幼养成奢侈的恶习。

戚继光在父亲的熏陶和教育下,从小养成生活简朴的习惯，能吃苦耐劳。这些对他日后成为一位身先士卒、临敌忘身的名将起了很大的作用。

戚景通最关心的，是教育儿子从小树立为国出力的远大志向，以继承自己的事业。

有一天，父亲询问儿子：“你对自己将来的前途有何打算？”

戚继光不假思索地回答：“孩儿在读书、习武，将来像父亲一样当名将军。”

戚景通对儿子的回答并不满意，读书、习武的目的是什么呢？仅是为了得到功名、当将军吗？那么当将军的目的又是什么呢？看来儿子对这些问题还并不清楚。

于是，父亲向儿子讲述了积压在心中多年的心事。原来从明朝初年开始，中国东南沿海一带就长期受到日本海盗的侵犯和骚扰，老百姓深受其害，称之为“倭寇”。戚继光的曾祖父戚珪是名边防将军，早在1433年就曾经向朝廷上书，建议加强海防来对付倭寇。戚景通担任山东沿海军事指挥官，也同倭寇战斗了大半辈子。可是由于朝廷腐败无能，倭寇的骚扰不但没有平息，反而越来越猖狂。戚景通语重心长地对儿子说：“你是将门之子，一定要继承祖业，负担起保卫海防的重任，为国尽忠！”

父亲的这番教诲，深深地震撼着戚继光少年的心。戚继光向父亲立下志向：一生不求安饱，笃志读书，刻苦练习武艺，决心继承父业，扫平外患，为国出力！

从此，戚继光更加刻苦地向父亲学习武艺。每天清晨，鸡叫三遍，父子俩就在院里练拳舞剑。戚继光学武艺认真、专心，每次总要练得满头大汗才肯歇手。他尤其喜爱射箭，不射中三箭决不罢休。功夫不负有心人，几年后，戚继光武艺进步很快，一开弓就能百步穿杨，一挥剑银光闪闪，令人眼花缭乱。

打仗光靠个人的武艺高强是不行的。父亲告诉儿子，作为一名将领，还要从兵书上学习指挥作战的战略和策略。每天吃过晚饭，戚继光就坐在书房里，听父亲给他讲解《孙子兵法》。讲完后，他又自己认真阅读，深刻理解。母亲怕他累坏身子，经常催他早些睡觉。可是戚继光总要等学懂弄通父亲所讲的内容后，才肯回房休息。为了加强对兵书的理解，碰上部队练操的日子，戚继光还经常赶去军营观看训练，从实践中丰富自己的军事知识。

戚景通为官清廉，两袖清风，不图钱财，从不与贪官污吏同流合污。当他晚年离职还乡后，家里没有多少积蓄，生活窘迫。有些人嘲笑他说："当了一辈子将军，给儿子留下什么了？"戚景通听到这话后，指着多年来自己所写的一大摞军事论著对儿子说："你真的认为我对你无所遗留，而感到遗憾吗？不！我留给你的这大量军事方策，是我几十年来研究边防、带兵打仗的经验总结，其价值是那些庸人难以估量的。你以后把这些奏明皇上，储存于朝廷吧。"

戚继光回答说："父亲留给我的，是如此崇高博大，今后我还怕什么危害国家的寇盗呢！"

父亲一天天衰老。1544年夏天，72岁的戚景通得了重病，卧床不起，为了趁自己还活着的时候给儿子安排好前程，实现自己多年的心愿，他要戚继光赶到北京去办理袭职手续。

戚继光临走时，父亲拉着他的手，再三嘱咐说："要精忠报国，做一个对国家有用的人。"

这年秋天，当黄叶飘零的时候，戚景通没能等到儿子袭职回来，便瞑目长逝了，临终前，还连连呼唤着戚继光的名字。

就在这一年，17岁的戚继光继承了父亲的军职，担任了登州卫指挥佥事。面对倭寇的猖狂侵扰，戚继光牢记父亲的教导，在一本兵书的空白处写下这样的诗句：

封侯非我意，但愿海波平！

这两句诗的意思是说："做大官并不是我的心愿，我只是希望能消灭倭寇，使祖国的海疆永远太平。"

年轻的戚继光肩负起保卫海疆的重任，在人民群众的支持下，率领军队，"身先士卒，临敌忘身"，转战在山东、浙江和福建的千里海防线上，给入侵的倭寇以沉重的打击。经过十多年的艰苦斗争，他在平定倭患、巩固海防、保卫人民的生命财产中做出了重大贡献。

1569年，戚继光已是一位功勋卓著、统兵十多万的名将了。这时他被调到北方去驻守边疆，又多次打败了蒙古骑兵的南侵。这年，他在一首题为《入关》的长诗中写道：

少年好纸笔，长事行闲役。

落落断父书，为国空驰驱。

这四句诗的意思是说，我从少年时代起就喜欢读书，在戎马倥偬中时常挤时间写作。我精心研究父亲遗留下来的军事论著，为的是南征北战保家卫国。

戚继光始终没有忘记父亲当年的教诲与遗著，在保卫祖国的战斗中度过了自己的一生。他和父亲戚景通的光辉的爱国主义思想，永远值得后人继承和发扬。

（雷风行，杨玉琴.群星从这里升起——中外教子成才故事[M].北京：北京师范大学出版社，1992.）

四位名校博士的妈妈谈孩子素质

李振霞，1957年毕业于中国人民大学哲学专业研究生班，她和丈夫一起把自己的四个孩子都培养成了名校博士：

大女儿金莹：世界十大医学院中排名第二的美国约翰·霍普金斯大学医学院基因工程博士后。

大儿子金煜：美国麻省理工大学博士、博士后，受聘于国际石油巨头雪佛龙公司，是该公司国际部的专家。

二儿子金侠：英国剑桥大学医学院博士后，是世界著名防治艾滋病专家、"鸡尾酒疗法"发明者何大一教授的主要助手。

三儿子金延：毕业于清华大学，后在中国航空研究院攻读硕士、博士，现供职于美国匹兹堡卡耐基·梅隆大学物理系。

四位名校博士的妈妈李振霞撰写的《我家走出四个博士》一经出版，立即引起了教育界和媒体的广泛关注。全国有17个省邀请"博士妈妈"传授教子良方。李振霞所到之处，有很多家长发出感慨："我到今天才知道该怎样当家长，我实在太愧对我的孩子了！"

《情商·家教》的记者，在走访李振霞妈妈、谈到孩子的素质时，她说，什么叫综合素质？第一是要学习好，既有刻苦精神还要讲究学习方法。第二是做人要做好，人格应该是最高的学位。做人不好，你的学位有多高也没用，相反可能你对社会的危害更大，有很多这样的例子啊。第三是很多人都不注意的，孩子要有欢乐的性格和健康的体魄，这一生他可能会遇到重重困难，有了欢乐的性格就能很乐观地去对待它。满足于不生病，这就是健康的孩子了？我认为不够。……

（摘自《情商·家教》2006年第二期）

戚继光在父亲戚景通的言传身教下，不仅从父亲那里学得了丰富的军事知识、作战方略，也练得了一身好武艺，更重要的是学会了怎么做人,把自己的一生贡献给了保家卫国的事业，成为后人永远纪念的名将。李振霞在教育孩子时，把做人看成最高的学位，因此四个孩子在自己的事业上都获得了成功。

但是，做事先做人，不是每个做父母的都能真正地认识到这一点儿，接受这一点儿，实践这一点儿。有不少人事业没有成功，甚至身败名裂，恰恰是没有学会做人。下面这位年轻人的短短一生和悲剧很值得我们深思。

叛逃者的遗书发人深省

一封加盖着“1983年10月30日”邮戳的航空信从海外寄来中国。这是一封出逃者的家信。就在这封信漂洋过海的时候，发信人在异国他乡自缢身亡了。

这个出逃者在国内曾经有过许多好机遇：17岁，进某外国语学校；19岁，被选送到某大学，外语代培；21岁，被选到国外学习英语；22岁，学习归来进某外事单位工作；26岁，随某歌舞团第一次出访；27岁，随某京剧团第二次出访。也就是在这一年的11月3日，他作为翻译，随某京剧团出访到最后一个国家。当一场演出圆满结束、演员们去参加招待会的时候，他“不见了”。

他选择的“天堂”的确是个“福利”国家。但是，这个只有900万人口的国家,却有近30万失业者。在这个“天堂”里，他可以领取一份救济金，却难于找到一份工作。他在激烈的竞争中挣扎，饱受冷遇。在这里，他既不具备主人的资格，更不具备客人应有的尊贵。他曾经是中国人民的友好使者，受到热情的接待，而现在他已由“使者”变成“难民”。1983年10月30日，他在极度苦闷中自杀了。

他在最后的家书中写了一些发人深省的话：

事到如今，我只好把真实情况告诉你们了。……

我是做了一件错事、蠢事，我很想家，但我回不去了。一失足铸成千古恨，我后悔、自恨，请让我去吧……

我太自信了,太狂了。实际上我只是一个玩（顽）童而已。这个世界大不可辨，花花绿绿无奇不有。不要为失去我而过分伤心。这种事在西方多的是。这个世界是好人受气、坏人得势的地方。就像越有钱的人越自私一样,越发达地区的人越自私，自私到不多给一丝笑容的程度，而且人与人之间钩心斗角，复杂霉烂透顶。

我对生活已经十分厌倦了，请代我向……告别。

（摘自《中国青年》）

这位叛逃的年轻人，在学业上应该说是成功者，这不排除他的聪明和勤奋，因此也有了一个让当时同龄人十分羡慕的外事工作。但是,这位学业上的佼佼者,在人生上是失败者。他没有把自己的才能贡献给培养他的社会和国家，而为追求个人的幸福和享乐去投奔“天堂”走上了叛国之路，最后在异国他乡结束了自己的生命。其根源就是没有学会做一个堂堂正正的中国人。这样的结局，不能说和家庭教育没有关系。

做父母的教孩子学会做人，就要坚持正确的荣辱观：

以热爱祖国为荣，以危害祖国为耻；
以服务人民为荣，以背离人民为耻；
以崇尚科学为荣，以愚昧无知为耻；
以辛勤劳动为荣，以好逸恶劳为耻；
以团结互助为荣，以损人利己为耻；
以诚实守信为荣，以见利忘义为耻；
以遵纪守法为荣，以违法乱纪为耻；
以艰苦奋斗为荣，以骄奢淫逸为耻。

“八荣八耻”是一个人品德的基础，也是终生努力奋斗做到的目标。做父母的对孩子从小就要结合他的生活实践进行正确的荣辱观的教育，这样孩子才能真正地学会做人。

二、孩子的品德无小事

俗话说：“千里之行，始于足下。”二万五千里长征是红军战士一步一步走出来的。

“万丈高楼平地起。”再高的楼房也是从打地基开始的，是工人一砖一瓦砌起来的。

火箭升空的速度不论有多快，也是从地面一寸、一尺、一丈升上去的。

孩子的品德就好比“千里之行”，要“始于足下”；也好比“万丈高楼”，要“平地起；”是“火箭升空”，要“一寸、一尺、一丈”升起。因此孩子的品德要从小抓起，要从一点一滴的事情做起。父母要从大处着眼，小处着手。贯彻品德无小事的原则。

一块干薯

20世纪60年代伊始，时值我国国民经济最困难的时期。一天中午，厨房的阿姨给每个学生发了一块干薯。刘少奇的儿子源源拿着它到宿舍咬了一口。呀！又苦又牙碜，怪不是滋味。小源源猫着腰见四处无人，便悄悄把它扔到了房子的一隅。

可事情真巧，这件事很快被老师知晓。老师批评了他，并一五一十地将此事记在了家长联系簿上。一个周末之夜，日理万机的刘主席在忙完公务后，照例打开簿子一瞅，倏地一惊。他当即叫儿子到身边指着家长联系簿严肃地对孩子说：“老师讲得好啊！”他眉头微蹙又语重心长地告诉源源：“这干薯是农民伯伯饿着肚子辛辛苦苦种出来的，你一点不能浪费，粮食是一滴滴汗水换来的啊！要从小养成艰苦朴素、勤俭节约的好习惯……”源源听到爸爸情真意切的批评，小脸蛋唰地羞红了。翌日，晨曦微露，源源便气喘吁吁地率先来到学校，第一件事就是找回了自己日前丢的那块干薯，小心翼翼地拭去附在上面的灰尘，然后冲洗干净将它吃了下去。

后来，源源被逐到山西农村当了八年社员。他在同农民朝夕相处中看见劳动人民辛苦劳动的动人情景，心里十分感动。他深有体会地说：“一块干薯的事至今仍记忆犹新，爸爸的话我一辈子也忘不了啊！”

（《教育报》1987年8月6日）

剪 枝

星期六下午，杨大嫂刚进门，女儿海鸥就跑过来，对她说："妈妈，今天我到商店去买铅笔，他们收了我两支的钱，给了我四支！"

"你给商店送回去了吗？"

"没。"

"为什么不送回去？"

"是他们多给我的，又不是我偷他们的！"

杨大嫂心里一动："这孩子怎么会说出这样的话！"她想了想，原来，这并不是偶然的，以前也发生过类似的情况：有一次，一个同学捡了一支钢笔交给了老师，海鸥说那个同学是傻瓜；还有一次去动物园，她不买票，从铁栅栏里钻进去了。当时杨大嫂虽然批评了海鸥，但是没有引进足够的重视。今天，她感到如果不抓紧对孩子的教育，发展下去是危险的。

晚上，杨大嫂把海鸥叫到桌前，和她一起学《雷锋日记》。杨大嫂读："要做一个有利于人民，有利于国家的人，如果说这是傻子，那我是甘心愿意做这样的傻子。革命需要这样的'傻子'，建设需要这样的'傻子'。我就长着一个心眼，我一心向党，向着社会主义，向着共产主义。"

她问海鸥："你说雷锋叔叔傻吗？"

"雷锋叔叔做得对。"

"为什么做得对？"

海鸥不会回答。

"雷锋叔叔说，他要做一个有利于国家的人，你说，国家是谁的？"

“人民的。”

“商场呢？”

“也是人民的。”

“动物园呢？”

“也是人民的。”

“这些都是人民的。人民群众都要爱护它们，它们才越来越好，你说对吧？”

海鸥点点头。

杨大嫂让海鸥读下段：“我认为个人和集体的关系，像细胞和人的整个身体的关系一样。当人的身体受到损害的时候，身上的细胞就不可避免也要受到损害。同样地，我们每个人的幸福依赖于祖国的繁荣，如果损害了祖国的利益，我们每个人就得不到幸福！”

杨大嫂又把这段话的意思仔细地讲解了一遍。不等她说完，海鸥一下子扑到她的怀里，哭着说：“妈妈，我错了。我是个少先队员，这样做太不对了……”接着，海鸥自动写起检查来。

第二天一早，海鸥在妈妈的带领下，拿着两份检查和应退回的铅笔、应补的门票钱，向商场和动物园走去。

她走在宽阔的柏油路上。辛勤的园林工人正在为路旁的小树剪枝。在灿烂的阳光照耀下，小树正茁壮成长。

（张云）

一块干薯和两支铅笔本身没有太大的价值，值不了多少钱。可是，扔掉一块干薯和多拿两支铅笔的行为在孩子幼小的心灵上会印上深深的黑点，如果不及时去掉这个黑点，就会有继续扩大的可能，如果是这样，它将会对孩子品德的发展带来极为消极的影响。所以，不论国家主席，还是平民百姓杨大嫂，特别重视及时擦去印在孩子心灵上的黑点，这就是品德无小事的道理。

下面这两位妈妈就缺乏“品德无小事”的认识：

捡的也是咱们的吗？

2 月 17 日下午，地铁积水潭站。一女同志从地上捡起一张 50 元的人民币，迅速装进身边孩子的口袋。“妈妈，这是谁的钱？”四五岁的孩子仰起脸问。“咱们的。”“捡的也是咱们的吗？”“是的。”我提醒那位女同志，应想想怎样正确引导教育孩子。她立即又气又急地说：“你这个人怎么回事？我教育我的孩子你管得着吗？”我叫出检票员。在检票员的追问下，孩子交出了钱。围观的人群里传来的阵阵责难令我心寒——“这年头，捡的钱还让人家交！”“多管闲事！”

走出冷冰冰的地铁站，外面的阳光明媚，也许那位女同志在怨我，那些围观者在讥讽我，但是，为了孩子，我还是希望每个成年人都能正确回答，捡到的钱究竟该如何处理？

（吉心）

谁之过

有一天，我到北京一所重点小学去采访，刚进校门，就看见一位年轻的妈妈在“教导”自己的孩子，看上去那个孩子刚入学。

妈妈双手叉着腰，好像在和谁吵架：“听着傻孩子！中午学校发水果，你一定要挑个大个儿的。一样交钱，凭什么咱们吃小的！”

她的声音很大，好像自己的儿子受了什么不公平的待遇和委屈。

孩子小声说：“老师让我们学孔融让梨，在学校吃水果要挑小的。”

“瞎说，让什么梨呀，一样花钱，就要挑大的！别当傻帽儿！”

孩子睁大了眼睛，看了看妈妈，走进校门。“孔融”却被留在了校门外。

孩子的心灵是纯洁的，四五岁他还不懂“拾金不昧”的道理，只是不明白，“捡的也是咱们的吗？”小学生已经知道“孔融让梨”的道理，也知道自己该怎么做。可悲的是，两位妈妈的心灵还没有自己孩子的心灵美好，这样的妈妈不只是这两位，在现实生活中时有遇到此类事情。50元钱、一个梨，在这些妈妈看来是小事，但对成长中的孩子来说是大事，妈妈的自私行为，会使子女和自己自食恶果。所以，教育家们曾经教导我们：“一个恶母，一个偏私的母亲，对于儿童是最可悲的领导者。”“天下的慈母们最好记住：往往在你们认为无关紧要的行为上，你们便播下了不幸的种子。”

请牢记列宁的教导：“如果你们将来不愿意悲伤——那就不要忽视你们孩子的任何一种极细小的行为，不要因为自己爱孩子就变成瞎子和聋子。”

三、爱是孩子的品德之源

大作家雨果说："人间没有爱，太阳也会死。"也就是说，没有爱就没有世界。对孩子来说，首先是爱父母，特别是爱妈妈，因为在抚养孩子的过程中妈妈最辛苦。从十月怀胎含辛茹苦把孩子养大，到关心孩子的健康、学习、前途和婚姻……可以说，母亲给了孩子一切，但是妈妈能否得到长大成人后的孩子的爱呢？

请看两个年轻人对重病妈妈的不同态度。

19岁刘玮荣获"孝星典范"奖

——和死神两次交锋，刘玮"夺"回了妈妈

"穷人的孩子早当家"，生活的艰难使童年的刘玮特别懂事。第一天上小学，父亲把她送到学校门口就返回医院照料母亲去了，从此再没有接送过她。一个独生女，自己走近半个小时的路来上学，曾被老师视为"多年不遇"的稀罕事。然而，同她以后两次把母亲从死神手里夺回来相比，这些算不了什么。医生们说，刘玮创造了医学"奇迹"。

第一次是在她念小学五年级的时候，母亲病情恶化，发展成晚期尿毒症，医生诊断结果是"最多活3个月"。刘玮听到了这个消息后没有哭，她对爸爸说，她爱妈妈，她决不放弃。每天放学后，她从杨树浦附近的黎平路换乘4辆车，花3个小时赶到医院去陪妈妈。当时正是下班的高峰，那时的刘玮小小的个子，正如她自己形容，每次都被"挤扁了"。赶到医院，她给妈妈喂饭、擦洗。怕妈妈烦闷想不开，她就不断地把学校的趣事讲给妈妈听，把自己的好成绩拿给妈妈看，还在病房里表演节目让妈妈高兴。妈妈睡着了，她才伏在床脚打开手电开始做作业，到半夜才能在躺椅上稍稍休息。夜里妈妈总会这里痛那里痛，刘玮就抢在爸爸前面为妈妈按摩，每夜都要折腾4~5次。凌晨4点，刘玮就得起床，再赶4辆车去上学。别人都奇怪，问她怎么从来不迟到，上课也不瞌睡。刘玮说："我有窍门，跟同桌约好了，如果看我瞌睡了就用力掐我，自己掐不觉得疼，不管用。"就这样过了3个月，母亲居然脱离了危险，她说是女儿的孝心救活了她。

到了初二临近中考，刘玮的母亲再次病危，腹部因为尿毒症并发症长了一个足球大的囊肿，直顶胃部，日夜疼痛。各大医院会诊结果认为无法手术，告诉家属"可以准备后事了"。母亲想自杀，可是刘玮冷静地劝慰她，说自己有个病的妈妈比没有妈妈好。消炎针一支就200元，可是刘玮和父亲毫不犹豫，为支付医药费和还债，他们几乎像在挑战生命极限一样克扣自己。父亲在医院照顾母亲，刘玮在家里把大大小小的事统统承担下来，等把奶奶安顿上床，再开夜车准备中考，每天睡眠从来不超过4小时。中考发榜，她上了鞍山中学的录取名单！这一次，女儿的孝心再次战胜了死神，母亲奇迹般地活过来了。

刘玮的家庭是：妈妈没有肾脏，完全靠透析维持生命，爸爸戴2300度的近视眼镜，像青蛙一样看不见静止的东西；爷爷瘫痪；奶奶眼睛失明。

由于对爷爷、奶奶、爸爸的爱，特别是对妈妈的爱，华东师范大学97级学生刘玮在上海妇联等单位联合举办的"孝星"评选活动中获得唯一的"孝星典范"奖。

（《文汇报》1998年11月11日）

如此儿子

在某医院的候诊室，多次遇到两位妇女在谈同一件家务事。从她们的谈话中得知，中年妇女身患癌症，其丈夫已离开了她，多年来和现已22岁的儿子相依为命。老年妇女是中年妇女的姨妈，每次由她来医院为中年妇女挂号。下面是她们其中一次对话：

"昨天小军又向我要400元钱，我没给。这个月他要了三次钱，第一次说是修电脑拿走800元，第二次要买衣服拿走500元，昨天又伸手要，说是有用。"

"他不说干什么用，就别给他。"

"姨，我一个月工资才一千多元，除我们俩的生活外，还要看病吃药，我哪来那么钱让他乱花。"

"不给他，就说没钱，看他怎么办。"

"小军说了，不给钱就到法院告我。"

"告也没有用，他已经不是小孩子了，应该独立生活了。"

"我盼着他去告，他告我我就和他脱离关系。"

"话是那么说，可母子连心啊！"

"姨，我们之间还有什么母子情？22岁的人了，对我的病从来不过问，连个号都不来挂，我每天还要做三顿饭给他吃，饭菜稍不合他的口味就甩脸子，您说，这还有什么母子情？"

"小军这孩子是太不像话了。"

"我这个病有今天没明天，我不想再这样痛苦地生活下去……"

"他又没有工作，连饭都不做，那他一天到晚干什么？"

"除每周有两个半天读大专去上课外，别的时间不是在家里看电视、玩电脑、睡觉，就是找他同学去玩。他还能干什么。”

“你应该劝他找点事儿做，做临时工也是好的，多少挣点钱，自己花也方便，这样待下去不是毁了自己吗？”

“没有少说，说轻了他不理你，说重了他和你吵吵，说什么‘你生了我，就得养着’。您说这是人话吗？”

“唉，小丽，不是姨说你，你们就是从小太娇惯他了。你们只知道百般地疼爱他，要星星不给月亮，就是没有教他关心别人，连关心父母都没有教会……”

“现在明白也晚了，后悔也没用了，自己种的恶果自己吃吧，唉……”

小军这样的青年应该很好地读一读《劝报恩篇》（见附二）。

同是年轻人，同是面对有重病的妈妈，为什么有截然不同的态度呢？关键就在一个“爱”字上。刘玮深深地爱着自己的妈妈，用自己的行动帮妈妈治病，所以被评为“孝星典范”；而小军只知从妈妈那里获得爱，不懂得爱妈妈，他的行为不是在帮妈妈治病，而是在给妈妈添病，他应该说是“不孝之子的典范”。因此，可以说：爱是品德之源，只有爱父母，才会爱别人，一个连自己的妈妈都不爱的人，还能爱他人、爱人民、爱祖国？所以，著名的教育家苏霍姆林斯基在他所办的学校的墙壁上挂着“要爱你的妈妈！”的标语。

中国是以“孝”治天下的国家，要继承和发扬这种民族之精神，就要从小培养孩子美好的心灵。

从一点一滴做起

一天，我去拜访已多年未见的一位同事。他们还没有下班回来，只有读高一的儿子刘浩在家。在和刘浩聊天的过程中我得知，一般他回家比较早，到家后先给父母沏好茶，再择好晚饭用的菜，后再做自己的事：看电视、听音乐……

丁零零……我们正说着话，门铃响了。“我爸、妈回来了。”刘浩说着去开门。

“爸、妈，许爷爷来了。”

在我和同事见面寒暄的时候，只见刘浩接过父母手里的包放在桌上，拿来拖鞋让父母换上，再把沏好的两杯茶送到父母面前。

“爸、妈，今天我放学早点，去爷爷、奶奶家玩了一会儿。爷爷说星期天爷爷奶奶随姑姑单位去郊区玩，让我们不用过去。”

“噢，知道了。”

“许爷爷，您和爸爸妈妈说话，我写作业去。”

我看着刘浩回屋的背影，对他父母说：“你们的儿子很懂事，看来你们教育有方。”

“谈不上教育有方，不过我们能接受‘做事先做人’这个观点，对孩子从小不娇惯，重视对孩子的教育。”做父亲的先开了口。

其母亲接着说：“我们楼里姓张的那个小孩子，很聪明，嘴也很甜，特别招人喜欢。就是因为一家人都娇惯他放纵他，养成特别任性的坏习惯。结果只想吃喝玩乐，不好好学习，初中还没毕业就进了少管所，一家人后悔也晚了，唉……”

从刘浩父母的交谈中得知，他们从小教育孩子关爱别人，而且是从一件件的小事做起，并坚持下去。下面是刘浩父母的部分谈话：

“我们从小教小浩关心别人，不能做什么事都只顾自己。”

“做到这一点也很难，比如我们坐在一起要吃苹果。开始经常是他抢先拿一个最大的，我们不让他这样做，要他先拿苹果给爷爷奶奶爸爸妈妈后再自己拿一个。为这他没少哭，但我们少让步，多坚持，经过反复的训练，随着慢慢长大，也就成了习惯。”

“有时我们大人也做不到，特别是爷爷和奶奶。西瓜切好了，我告诉小浩给爷爷奶奶送过去，孩子还没动手，奶奶发话了：小浩，你吃吧，爷爷奶奶就不吃了……”

“这也是常有的事，遇到此类事我们事后给老人讲道理，为什么要这样做。开始老人总认为不是什么大事，不值得那么认真，所以往往是口头上答应配合我们教育孩子，遇到具体事又回到了原来的做法。”

“为争得老人的配合，我们没少做老人的工作，慢慢老人也接受了，在教育孩子上取得了一致。”

“有些事，孩子不知道应该怎样做，就今天你看见的接包、拿拖鞋、沏茶的事，这都是我们交给小浩的，慢慢就形成了习惯，成了他行为的一部分，不然孩子不知道怎样关心父母才对。”

“我们从小就注意培养孩子的动手能力，玩具自己整理、手要自己洗、小板凳自己拿、衣服自己穿……这些是培养劳动的习惯。”

“给爷爷奶奶拿眼镜，给我们拿拖鞋，从 1 岁多就开始了，起初孩子很积极，到时候抢着去拿，还让我们鼓掌，没多久就不干了，你得想办法让他坚持下去。”

“从读小学开始，自己的袜子、裤衩、背心都自己洗，一直到现在。”

“帮妈妈择菜，吃饭时拿椅子、拿碗筷，饭后收拾饭桌，从 4 岁多就开始。先前是当助手，到小学三年级已经能独立完成……”

“上中学后，买菜做饭，刷锅洗碗已经是平常事了。”

“我们就在这些小事中培养孩子的动手能力和劳动习惯。”

“父母的行为对孩子有很大的影响，要求孩子做到的自己首先要做到。我们对老人特别尊重、关心，这小浩生来看在眼里。”

“我婆婆牙不好，喜欢吃比较软的食物，每顿饭我都做一两个她爱吃的菜，放到跟前，老人很高兴。”

“我父母 60 岁以后，每天晚上的洗脚都由我们两口子负责，小浩也帮爷爷奶奶打洗脚水，读初中后多半是他管的。”

“我从进这个家后，公公婆婆的衣服、被子大都由我拆洗的，开始老人不同意，觉得他们身体还可以，能自己洗，可我一直坚持这样做。”

“我们有了小浩后，老人年纪大了，还为我们带孩子，很累。我们经常利用休息日带老人去公园、郊区散散心。”

离开同事家时已经是满天星斗，我想了很多，每个做父母的只要从一点一滴的小事培养孩子的爱心，并坚持下去，人人都会像刘浩那样懂得关心父母，懂得关心他人。

（许明）

父母培养孩子美好的心灵要从生活中的点滴小事做起。前文中刘浩的父母就是这样的，而且见到了成效。“孩子小，还不懂事，长大了就好了”等观点是完全错误的，这往往是对孩子的一些错误行为迁就，结果在孩子幼小的心灵留下阴影。一般应从以下几个方面抓起，只要认真坚持下去会有很好的效果：

（1）从小培养孩子懂得关心别人。一家人在一起，无论是吃水果，还是喝饮料，要求孩子先敬老人和长辈，爷爷、奶奶和爸爸、妈妈等；家里来了小朋友，有好吃的先给小朋友吃，玩具和小朋友一起玩。这样做的目的在于防止孩子的独，养成“以我为中心”的坏毛病，只知道让别人关心自己，而不懂得关心别人。

（2）从小培养劳动观念。要引导孩子参加家务劳动，做父母的必须明确这样一个观点：孩子的劳动要重过程、轻结果，在从事力所能及的劳动过程中养成劳动的习惯，懂得父母的艰辛。劳动的内容应随孩子的年龄而变化。从自己或和爸爸妈妈一起收拾玩具开始到扫地、擦桌子、收拾床铺、整理书包、洗小件衣服……

（3）从小教给孩子关心别人的方法。孩子在1岁多时，就要教他在楼道不能大声叫喊，以免影响别人；妈妈做饭的时候不要去打扰，自己去玩；爸爸妈妈身体不适时，不要吵闹，让爸爸妈妈好好休息，大点儿的孩子要送水、送药；家里来了客人或父母在学习时不要打扰……在知道怎样做的过程中培养孩子的爱心和美好的行为习惯。

（4）培养孩子美好的心灵要坚持一致性。这个一致性体现在两个方面：一是父母的言行要始终一致，要求孩子做到的，自己一定要做到。要求孩子吃水果要先老人和长辈，而自己经常拿起苹果先吃，而不先让自己的父母，这将起最坏的作用。

二是家庭成员要一致，父母之间要一致，特别是和老人要一致。这个一致性极为重要，如果对孩子要求不一致，孩子就不知道该听谁的，该怎么去做，久而久之养成不良的行为习惯。

培养孩子爱的情感还必须教给他具体怎样做，比如，接送客人等用语（见附一）。

四、孩子是父母的影子

阿·托尔斯泰说："全部的教育，或者说千分之九百九十九的教育都归结在榜样上，归结到父母生活的端正和完善上。"模仿是孩子的天性，爱模仿的眼睛更需要善和美的榜样。如果我们每个人，特别是每个做父母的都应用文明的举止、纯洁的语言和崇高的情操编织一幅美和善的画面，就会使孩子们的生活环境变得更加美好，使他们的心灵受到熏陶。

把美和善献给孩子

……

一阵风，把邻居晾晒的一件衣服吹落在地上，爸爸看到了，马上把它捡起来。当他刚要把衣服放回原处的时候，发现衣服的袖子口弄脏了。爸爸叫女儿去拿脸盆。

"拿脸盆干什么？"女儿不解地问。

"衣服有点儿脏要洗一洗。"

"帮他们捡起来已经蛮好了，为什么还要帮他们洗？"女儿不满地说。

"如果不洗一洗，他们下班后，不还是一件脏衣服吗？邻里之间要互相关心帮助。"爸爸说完，就把衣服拿到水龙头洗将起来。

看着爸爸的背影，女儿在想什么呢？“我爸爸从来不骂我，可是有的时候，他的行动比骂我更让我受震撼，我爸爸不是英雄，可是他在我心里的形象非常高大，因为他总是用行动来告诉我应当怎样做人。”女儿在一篇作文里这样描绘自己的爸爸。

（《文汇报》1985 年 6 月 1 日）

给爷爷洗澡

景泰小学五（1）班　解森阳

去年夏天，天气闷热闷热的，人坐在屋里开电扇都冒汗，何况爸爸是个大胖子，更是苦不堪言。每到这时，我都心疼爸爸，想尽量让他少干点活。

可是，爸爸是个大孝子，天热先想到的是瘫痪在床的爷爷。只要爸爸在家，他每隔一小时就给爷爷擦一次身。可 39 摄氏度的高温，爸爸想光擦身子不行了，必须给爷爷沐浴。我家没有沐浴的条件，于是爸爸就背着爷爷向离家 500 多米的姑姑家走去。只见豆大的汗珠从爸爸的脖子上流下来。我跟在后面扶着爷爷，看着爸爸一步一步艰难地向前走着。来到姑姑家门口时，我爸爸浑身上下像水洗了一样，头发、背心都是湿湿的，连短裤也湿了大半截。姑姑和街坊见到此景，都感动地说：“这大孝子为了给爸爸洗个澡，自己倒先用汗水洗了个澡……这感人的一幕，我至今难以忘怀。”

（《情商·家教》2006 年第四期）

每个孩子都有一颗纯洁的心，每个孩子都有一双会思考的眼睛。

孩子们随时都在用自己的眼睛窥视大人们的一言一行，特别是父母的言行举止。上面讲的虽然只是发生在家庭生活中的两件平常事，也可以说是两件小事，但是对孩子们的影响是很大的。孩子们的心灵就是在这样无数的平常事、小事中受到熏陶，变得更加美好。

但是，在现实生活中，家庭成员，特别是父母给孩子的不全是善和美，恰恰相反，有少数做父母的给孩子的是恶和丑，把孩子引向了不归之路。

父母是孩子的活教材

有个令人深思的事例：一个十多岁的男孩子因为排队加塞儿，打碎了电影院售票窗的玻璃，被人拉着找到家里。这时孩子的爸爸才知道孩子没有上学。问到学校，老师说："他不是转学了吗？他说是您让他来办转学关系的。已经离校两周了。"爸爸一听火冒三丈，抡起巴掌就打："谁让你逃学！谁让你打人家玻璃！"孩子被打得无奈，便透露了真情："你怎么求人写病假条不去上班呢？不是你买菜不排队总让我去加塞儿吗？"这时，儿子抱怨，爸爸脸红，在场的人哑然失笑。

儿子的申辩并没有撒谎，爸爸的难堪也可想而知。然而事实就是如此——儿子的逃学是跟爸爸的"逃工"学来的，儿子的打碎玻璃是爸爸怂恿加塞儿造成的。如果爸爸还不因此而猛醒，那么难免以后出现更糟糕的后果，更难堪的场面！

"身教胜于言教"，然而有些做父母的不懂得这个道理。孩子最初接受教育的方式就是模仿，而孩子来到这个世界遇到的第一个模仿对象，就是父母以及其他朝夕相处的人。在孩子还没有辨别是非的能力，或辨别是非能力很差的时候，父母就是孩子的活教材……

（王云）

在案犯家中见到的……

最近，我依法参加了几次案件的现场搜查，对于所见的某些事实，真有些触目惊心之感。

举例一二，借以提醒有关单位的“当家人”，希望能引起足够的重视。

罪犯杨某兄弟俩因流氓、偷窃等罪被逮捕，在依法搜查其家时，除了发现杨犯偷窃来的大量现款和衣物外，还见他家瓶瓶罐罐和坛坛缸缸不计其数。这些东西，虽然外形不同，规格不一，但都沉甸甸的。我好奇地启盖一看，不禁惊奇万分，原来里面放的都是油漆，只是颜色不同而已。有的油漆因放置日久，已经变质发硬了。杨家除了漆多外，还到处可见全新的漆刷、油灰刀、钨钢刮漆刀等工具，加起来竟有几十把之多。此外，杨家还有许许多多吃食，有成缸的大米、满桶的食油、整袋的味精等。光味精就有近八斤之多。

人们不禁要问，这个五口之家，怎么成了“油漆铺”或“食品店”了呢？他们又是怎样搞到这些东西的呢？原来，杨犯的母亲原系某区房修队的油漆工，而那位曾经得到过先进称号的杨犯父亲，则是一家饭店的职工。上面提到的大量物品，就是他们从单位里陆续拿来的……

（董仲龄）

就是这样的父母，用自己丑和恶的行为，把自己的孩子引向了错误之路、犯罪之路，毁掉了孩子的一生。

我们再来看两个调查数字：

之一：某省对参加省级夏令营的107名中学生进行了调查。他们都是品学兼优的优秀生。调查结果表明：有69名自述受父亲的影响最大，有28名受母亲的影响最大，有4名受祖父母的影响最大。占总数的94.4%。

之二：有人做了这样一个调查：在150个城市五好家庭中，共有子女488名，其中407名是各方面受到表扬的人物，占82%。

以上正反面的实例充分表明，孩子是父母的影子，父母的示范在孩子品德形成中所起到的作用，主要表现在：

父母对长辈的尊敬。

父母相互的尊重、信任、关怀。

父母对孩子的尊重、信任。

父母与邻里之间的友好相处。

父母对待自己工作的态度。

父母对社会现象的评价、态度。

父母闲谈的内容、用语、情绪。

附一：交往常用客套语

初次见面说“久仰”；好久不见说“久违”；

等待客人用“恭候”；宾客来到称“光临”；

未及欢迎说“失迎”；起身作别称“告辞”；

看望别人用“拜访”；请人送别用“留步”；

陪伴朋友用“奉陪”；中途告辞用“失陪”；

请人原谅说“包涵”；请人批评说“指教”；
求人解答用“请教”；盼人指点用“赐教”；
欢迎购买说“惠顾”；请人受礼称“笑纳”；
请人帮助说“劳驾”；求给方便说“借光”；
麻烦别人说“打扰”；托人办事用“拜托”；
向人祝贺用“恭喜”；赞人见解称“高见”；
对方来信称“惠书”；赠人书画题“惠存”；
尊称老师为“恩师”；称人学生为“高足”；
请人休息说“节劳”；对方不适说“欠安”；
老人年龄说“高寿”；女士年龄称“芳龄”；
平等年龄问“贵庚”；打听姓名问“贵姓”；
称人夫妇为“伉俪”；称人女儿为“千金”。

附二：《劝报恩篇》

十月怀胎担惊怕，临产就是生死关。
一生九死脱过去，三年乳哺受煎熬。
生来不能吃东西，食娘血脉充饭餐。
白天揣着把活做，到晚怀里揽着眠。
左边尿湿放右边，右边尿湿放左边。
左右两边全湿尽，将儿放在胸膛间。
偎干就湿身受苦，抓屎抓尿也不嫌。
孩子醒了她不睡，敞着被窝任意玩。
纵然自己有点病，怕冷也难避风寒。
孩子睡着怕他醒，不敢翻身常露肩。
夏天结计蚊子咬，白天又怕蝇子餐。

又怕有人来惊动，惊得强醒不耐烦。
孩子喜欢娘也喜，孩子啼哭娘不安。
这么拍来那么哄，亲亲吻吻蜜还甜。
手里攀着怀里抱，掌上明珠是一般。
娘给梳头娘洗脸，穿衣曲顺小肘弯。
结计冷来结计热，结计吃来结计穿。
娘疼孩子心使碎，孩子不觉只贪玩。
有时发热出痘疹，吓得爹娘心胆寒。
寻找医生求人看，煎汤熬药祷告天。
恨不能够替儿病，吃饭不饱睡不安。
三岁两岁才学走，恐有跌磕落伤残。
五岁六岁离怀抱，任意在外跑着玩。
一时不见儿的面，眼跳心跳坐不安。

第四章

重在培养习惯

孩子六七岁了，该上小学读书了。

一、还我快乐童年

孩子从走进小学校门那天起，除每天背着沉重的书包来往于家庭和学校外，还要承受来自家庭即父母“培养”的压力。绝大多数做父母的从这天起所看重的只是孩子的学习和分数，请看一位小学三年级学生写给心理教师的两封信。

快乐的童年全没有了

心理老师：

您可能不知道我的童年，我的过去，原来的我是什么样，我要把一切的一切都告诉您。

从前，我是一个无忧无虑、天真活泼的小孩，从不知道什么叫烦恼，什么是痛苦，什么是悲伤。每天我总是6点起床，在沙发上看我爱看的书，6点50分准时叫爸爸、妈妈起床。这时候，爸爸总是抱起我放到妈妈的被窝里暖和暖和。7点30

分我们准时在小区门口乘坐爸爸、妈妈单位的班车，8点钟到幼儿园，爸爸、妈妈去上班。下午5点30分我们再坐班车回到家里。回到家我先练一小时钢琴，晚饭后和爸爸、妈妈、姐姐（保姆）在一起玩，爸爸教我点算术，妈妈教我汉语拼音，姐姐教我用橡皮泥捏小人和各种动物。那时候我觉得：我是世界上最幸福的人了！

可是现在变了，一切都变了。我幸福的生活呢？我每天的快乐生活呢？没了，全没有了！我已经是小学三年级了，父母对我的要求全变了，算术变成了华罗庚数学；汉语拼音变成了初一英语；捏小人成了写600字的作文。我一直在默默忍受着。我在等待，我在等待！我在等待父母能够觉醒，能够知道，他们压在女儿身上的担子太重了，我扛不起呀！总有一天，我会疯的，我会被你们整垮的！你们知道吗？

我常常坐在夜里发呆，望着月亮，两行泪珠不知不觉地流下来。我不止一次想过自杀。有一次想来真的，买了三瓶安眠药。现在还被我锁在抽屉里，我想总有一天会用上。

心理老师，因为我信任您，才把我的全部告诉您。我是希望我们俩能成为“有福同享，有难同当”的好朋友！

小静

2005年4月28日晚

我希望我能快乐

心理老师：

首先，我感谢您对我的信任的态度，这使我很感动，继续下去好吗？

我接受您的建议跟老师和父母沟通过，老师还家访跟我父母谈了很长时间，但没有用，我照样快乐不起来。

另外，并不是我要做难题，而是我爸爸逼着我做！上周六和周日我根本没休息，所有的时间都在做数学题（除了吃饭、睡觉、喝水、上厕所）。我都快精神崩溃了，只要我一做不对，爸爸就骂我。什么蠢猪、傻子、想挨揍等这些词都是爸爸的口头禅。今天晚上爸爸、妈妈不在家，到单位加班去了，我才有机会跟您好好地“谈谈”。

我写了一篇作文，叫《生活的压抑，学习的无趣》。在这篇文章里，我写了我的想法，抒发了我的情感，虽然还不到150个字。

有时我真的觉得自己很可笑。开始自己笑自己，“哈哈哈哈，哈哈哈哈”。笑完了想哭，想吐。老天爷呀！我什么时候才能摆脱过这种生活，换回原来的我？

我希望能快乐！像原来那样的快乐！

小静

2005年5月3日

小静小朋友的遭遇，只是反映了一些家长强行塑造孩子成才的一个方面；另一方面，不少做父母的为“培养”孩子成才，就让孩子参加各种校外辅导班、培训班、考取证件，使孩子在课后，特别是在双休日、节假日得不到休息，奔波于校外，身心受到严重伤害。

南京一小学生有44份证书

据新华社2月9日电，舞蹈比赛、古筝考级、才艺大赛……

南京一名小学五年级学生竟“怀揣”各式证书44份。

这样的小学生在南京不是个别的。在南京，很多家长望子成龙，不惜代价培养孩子的各方面能力，由此催生了小学生“考证族”。书法、钢琴、扬琴、小提琴、古筝、声乐、绘画、舞蹈、少儿编程软件等证书，几乎可以说应有尽有。

五年级小学生汤雯萱的考级证书和获奖证书有44份。据汤雯萱的父亲介绍，汤雯萱自3岁第一次登台演出以来，参加各式各样的演出和比赛已不下百次。当记者问他“有没有考虑到孩子的承受能力”时，他苦涩地笑了笑说：“我们不想失去任何一个孩子可以得到锻炼的机会，因为每一份证书的取得对孩子都有所帮助，相信孩子会明白我们的苦心的。”

另一位小学五年级女生有27份证书。面对书法六级、古筝七级、剑桥少儿英语一级等一大堆红色证书，小姑娘不满足，说：“这算什么，我表哥的证书比我多多了。”

证书的取得和课余时间的牺牲成正比。不少“被迫”忙于考证的小学生说，他们放学后书包都来不及送回家，就要赶往另一个地方，双休日也不休息，有时晚上只能睡两三个小时。“长这么大，我还从来没到公园玩过。”一名小学生这样说。

小学生“赶考”的现象不仅在南京，在全国也不是个别，在大中城市尤为严重。因此教育工作者呼吁家长：不要累坏孩子！

二、妈妈的形象被扭曲

在这种逼子成龙、强行塑造的情况下，父母的形象在孩子们的心目中产生了扭曲。

妈妈在孩子们心目中是什么样？武汉市最近举行的“楚才杯”国际中心小学作文比赛，有3000名小学生不约而同地将妈妈画成“变色龙”“母老虎”“河东狮吼”等形象。字里行间透露孩子们的心声：我渴望拥有快乐的童年。

近日，武汉“楚才杯”作文竞赛组委会整理考卷发现，五年级作文题《给我一点时间》的4200份考卷中，超过70%的孩子选择了一个共同的题材——被妈妈逼着整天学习,压力大，期望妈妈给自己一点儿时间。

孩子们被妈妈逼着赶场，参加奥赛、练琴、学画，做着永远也做不完的练习题。在这些孩子的笔下，妈妈是“会计师”，计算好了他们的每一分钟；妈妈是“变色龙”，考了满分她睡着了都会笑的，考差了就会大发雷霆；妈妈是“母老虎”，每次出去玩都被她堵回来；妈妈是“河东狮吼”，看一会儿电视她就会发作……

一位李学生说，我考了100分，妈妈的脸上就笑成一朵花，连说“宝贝你真行”，下午带你出去玩；上次考了89分，妈妈就严厉地教训我，让我进屋做她布置的《学与练》，一做就是一天。我真不知道，妈妈爱的是百分考卷还是她的女儿。

学生杨某说，妈妈是“母老虎”，我每次出去玩总被准确地堵回来。她要我上培优班，否则就是一顿“竹笋炒肉”。在学校我哈欠连天，培优的作业已让我筋疲力尽了，哪还有心思去听老师的讲课？到底我是妈妈的皇帝，还是妈妈是我时间的债主呢？

只有打游戏时，我才逃离妈妈，觉得自己是最幸福的人，享受一人之下万人之上的感受。我知道参加“楚才杯”作文竞赛也得了奖，就是想借机会说出自己的心声。

妈妈是“会计师”,算好他们的每一分钟;妈妈是“变色龙”,考了满分她睡着了都会笑醒,考差了就会大发雷霆;妈妈是“母老虎”,每次出去玩都会被她准确地堵回来;妈妈是“河东狮吼”,看一会儿电视就会发作……孩子们的笔下,母亲的慈祥伟大、温馨可爱的形象被扭曲了,但它是从孩子内心发出的心声。到底谁真正扭曲了母亲的形象?这是个复杂而难于几句话能说清楚的问题,但不能不引起广大教育工作者和年轻父母的警觉和思考!

三、重在培养习惯

小学生还是很不成熟的孩子,天真、活泼、爱玩、好动……这是这个年龄的特性,做父母的不要人为地强行去改变孩子的这些特性。正如卢梭指出:“把孩子看作孩子。大自然希望儿童在成人之前,就要像儿童的样子。如果我们打乱了这个次序,我们就会造成一些早熟的果子。”望子成龙,强行塑造的父母们,正在亲手打乱孩子成长的规律,催化孩子早熟,结果妈妈的形象被扭曲,逆反心理、厌学等情绪随之而来。

其实在孩子读小学时,父母通过不同的途径和方法使孩子获得更多的文化科学知识,这并没有错,但要有个度。现在有些做父母的没有把握住这个“度”。在小学阶段培养孩子良好的习惯,特别是学习习惯比获得一些知识更为重要。伟大的教育家叶圣陶先生教导:“什么是教育?简单一句话,就是要培养良好习惯。”他还指出:“凡好的态度和好的方法都要使之成为习惯。只有熟练得成了习惯,好的态度才能随时随地表现,好的方法才能随时随地应用,好像出于本能,一辈子受用不尽。”

所以，从孩子一进小学大门，我们就应该注意培养孩子正确的学习态度和科学的学习方法，使之逐步形成习惯，有了良好的学习习惯，可以使孩子受益终生。

根据家教专家赵忠心教授的观点，小学生应着重培养以下学习习惯：

（赵忠心．小学生家长必读[M]. 北京：华艺出版社，1988.）

（一）勤奋的习惯

勤奋出天才。这是事业成功者们的共识：

马克思："在科学上没有平坦的大道，只有不畏劳苦，沿着陡峭山路攀登的人才有希望达到光辉的顶点。"

爱迪生："天才的百分之一是灵感，百分之九十九是汗水。"

高尔基："人的天赋就像火花，它既可以熄灭，也可以燃烧起来，而逼使它燃烧成熊熊大火的方法只有一个，就是劳动、劳动、再劳动。"

郭沫若："任何有成就的历史人物莫有不是从勤学苦练中得来的。"

所以，父母从小要教育孩子勤奋，特别是读小学后更要重视，使孩子懂得学习是一种艰苦的劳动，不付出劳动，不下苦功夫是不行的，是不会取得好成绩的。有的家长看孩子学习很辛苦，经常代劳替孩子写作业，这是绝对不应该的；有些孩子把别人的作业拿到家里来抄；更有甚者，花钱雇别的同学替自己写作业，这些不良行为都是错误的。家长必须制止，经常教育孩子用自己的辛勤劳动换来学习好成绩，还应懂得"勤能补拙"之理。

（二）好思的习惯

多思出智慧，一切有成就的人都有一个好习惯，就是善于动脑，遇事都要问个为什么，把勤学习和多动脑结合起来。

爱因斯坦："学习知识要善于思考、思考、再思考。我就是靠这个学习方法成为科学家的。"

高尔基："懒于思考，不愿钻研和深入理解，自满或满足于微不足道的知识，都是智力贫乏的原因。这种贫乏通常用一句话来称呼，这就是愚蠢。"

朱熹："余尝谓读书有三到：心到、眼到、口到。心不在此，则看不仔细，心眼既不专一，却只浪漫诵读，绝不能记，记亦不久也。"

鲁迅说："读书要做到：心到、口到、眼到、手到、脑到。"

好思，勤动脑筋，是目前有些孩子身上普遍缺乏的。有的孩子在学习中，特别是在写作业时一遇到难题，不去复习旧知识，也不多想，就问家长。其实大多数难题，只要稍动动脑就能解决。有的家长也缺乏指导孩子学习的方法，只要孩子一问不会的题，就立即回答，还误认为这是孩子认真学习的表现。其实这恰恰迎合了孩子懒动脑的不良习惯，这对孩子是十分有害的。

孩子勤问不懂的问题是正确的，应受到家长的表扬和鼓励，但首先是自己动脑去解决问题，经过努力也无法解决时再向家长求教得到帮助。在孩子发问时，家长首先要引导他复习有关知识，多想想，争取自己得出答案。在孩子实在不能解决难题时，家长也不要直接给出答案，要和孩子共同探讨找到正确的答案。这样做的目的就在于培养孩子多思考的习惯，勤于动脑，乐于思索。

（三）专注的习惯

注意力是智力的重要组成部分，是智力活动的警卫、组织者和维护者。大凡有创造的人都是注意力很集中的。

据记载，南北朝时，大数学家祖暅之（祖冲之的儿子）深思入神时，连霹雳声也听不到。有一次他在路上行走，头撞大官徐勉，徐勉叫他，他才发觉。唐代大诗人贾岛，有一次吟诵“落叶满长安”诗句不觉撞了京兆尹刘栖楚，因此被抓了起来；还有一次，吟得“僧敲月下门”句，反复考虑到底是“敲”好还是“推”好，他举棋不定，在路上时而做“推”的手势，时而做“敲”的手势，又不觉撞了京兆尹韩愈的大驾。

据说，罗马军队突然间进入古希腊著名数学家阿基米德（公元前287—前212年）的房间时，这位75五岁高龄的科学家正蹲在那里，研究着画在地上的几何图形。直到罗马士兵的宝剑撞到阿基米德的鼻尖的时候，他才明白发生了什么事情。但他毫无惧色地对罗马士兵说：“等一下杀我的头，再给我一会儿工夫，让我把这条几何定理证完，不能给后人留下一条没有证完的定理啊！”

其实，这都是专心致志地思考一个问题时，把别的一切全置于脑后的结果。这是极为可贵的学习品质和习惯。现在很多孩子缺少的就是这一点。他们上课不注意听老师讲课；手里玩东西，邻位间小声说话；在家写作业时，一会儿去做这件事，一会儿又去干那件事，甚至边看电视边写作业，边听音乐边写作业，等等。这些行为表现直接影响学习效果，真是“不专心致志，则不得也”。

家长要培养孩子的专注习惯必须从自身做起。孩子在学习、写作业时，自己也不应干别的事，也应看书看报，为孩子做出榜样。有的家长晚上教育孩子专心学习，自己却在另一屋看电视，所以，有位小学生对笔者讲：“我爸爸妈妈在大屋看电视，我在小屋听电视，我什么都听得清楚”；也有的一人陪孩子学习，一人在另一屋看电视。这些做法都欠妥，不利于孩子集中注意力学习。正确的做法是：在孩子学习时，整个屋内都应保持安静，非要做的事不要闹出响声；电视应关闭，大小屋的门都打开，父母做自己的事，最好是读书学习，哪怕是就看报纸。这为孩子的学习创设了良好的学习环境，以利于提高学习效果，有利于其专注习惯的养成。

（四）惜时的习惯

珍惜时间对学习来说是极为重要的。

“一寸光阴一寸金，寸金难买寸光阴。”这方面名人有许多教导：

郭沫若：“时间就是生命，时间就是速度，时间就是力量。”

鲁迅：“时间，就像海绵里的水，只要愿挤，总还是有的。”

茅以升：“任何一种对时间的点滴浪费，都无异于一种慢性自杀。”

鲁迅：“时间就是生命，无端地空耗别人的时间，其实无异于图财害命。”

列宁：“浪费别人的时间是图财害命，浪费自己的时间是慢性自杀。”

高尔基：“世界上最快而又最慢、最长而又最短、最平凡而又最珍贵、最容易被人忽视而又最令人后悔的就是时间。”

由此可见时间的重要性。珍惜时间对学习来说是极为重要的，家长要帮助孩子从小养成珍惜时间的习惯。对于小学生来说，珍惜时间就是在应该学习的时间内，抓紧时间学习，如上课注意听老师讲课，回家认真、按时完成作业；任何上课不注意听讲、说话、手里玩东西，在家里边玩边写作业等行为都是浪费时间的表现。

家长额外给孩子布置过多的学习材料、作业、节假日里过多地让孩子参加辅导学习，这不是培养孩子珍惜时间，而是在伤害孩子的身心健康，应克服之。

（六）认真的习惯

毛泽东："世界上怕就怕'认真'二字。"

徐特立："一分耕耘，一分收获，要收获得好，必须耕耘得好。"

中国古语："涉浅者见虾，其颇深者见鱼，其尤甚者见蛟龙。"

越认真就越有本事，好的学习成绩的取得与自己的认真成正比，即越认真学习成绩就越好。学习上满足一知半解，写作业潦草马虎等都是不认真的表现。为了孩子未来的需要，从小学就要帮孩子养成认真的习惯。

（七）虚心的习惯

毛泽东："虚心使人进步，骄傲使人落后。"

巴甫洛夫："无论是什么时候，永远不要认为自己知道了一切。"

乌申斯基："只有正视自己的无知，才能扩大自己的知识。"

养成虚心的习惯，"处处留心皆学问"，一辈子有永远学不完的知识。如果孩子养成了这种习惯，不愁他没有知识，不愁他学习不好，也不愁他考不上好学校。

四、要有良好的行为习惯

前文讲的是小学生的学习习惯，家长让自己的孩子健康成长，必须培养多方面的良好习惯。作为小学生应具有哪些良好的行为习惯呢？一般认为小学生的行为习惯应包括学习、卫生、劳动、生活和行为等方面。

（一）学习习惯

除前文讲的外，还应有以下良好习惯：

按时到校上课，不迟到、不早退、不逃学，有事向老师请假。

课前要按老师的要求预习课文内容，课后要及时复习，不懂的问题记下来，回校问老师。

课前要准备好学习用品，上课要端坐静听，不随便说话，敢于发言，不懂就问，发言要先举手，经允许才能讲话。

要按时、认真、独立地完成作业，字要写得清楚和工整。

读有益的书和报刊，看有益的电影和录像。

（二）卫生习惯

穿戴整洁，讲究个人卫生，做到勤理发、勤洗头、勤洗澡和勤剪指甲；饭前便后要洗手，早晚刷牙漱口；不喝生水，不吃不洁食物，生吃瓜果要洗干净。

讲究公共卫生，不随地吐痰，不乱扔果皮纸屑。

按时按量用餐，不贪食，不吃零食。

讲究眼睛卫生，写字、读书姿势要正确，眼和书的距离不少于30厘米；读书、写字半小时，最多一小时要休息片刻；不要弱光下看书，不要躺着、走着和在车上看书；看电视时间不宜过长，每天做眼保健操。

上学要“四带”，即带手绢、带水杯、带擦布和带手纸。

（三）劳动习惯

自己能做的事自己做，例如，穿衣、收拾床铺、刷鞋、洗小件衣服等。

做力所能及的家务活，例如，收拾房间、洗衣服、洗刷餐具、做简单的饭菜。

积极参加学校和社会的公益劳动（值日、扫除、植树等），不怕脏，不怕累。

（四）生活习惯

按时睡觉，按时起床，按时用餐。

按时到校上课，不迟到，不旷课。

在家里要按时看书学习，按时写作业。

经常锻炼身体。

（五）行为习惯

尊老爱幼，主动帮助有困难的人和残疾人；尊敬师长，见面行礼，主动问好，要用尊称，不直呼姓名。

孝敬父母，听从父母的正确教导，不任性；外出要告诉父母，回家要打招呼。

礼貌待人，会用礼貌用语；不打架，不骂人；到他人房间要先敲门，经允许才进入；不乱动别人的东西，不打扰他人的工作和休息。

要诚实，不说谎话，有错误就改；答应别人的事情要努力做到；不随便拿别人的东西，借东西用完后要及时归还，拾到东西要归还失主或交公。

不挑吃，不挑穿；不乱花钱；爱护粮食和学习用具，要节约用水用电。

爱护公共财物，爱护校内外花草树木；不在文物古迹上涂抹刻画，保护有益动物。

关心他人，在校要关心老师和同学，在家要关心父母和家庭每个成员；在社会上要关心邻里和有困难的人。

好的习惯是个人良好行为和品德的曙光。小学生学习、卫生、劳动、生活和行为习惯的形成，就是小学生适应学校生活的过程，只有这样，才能成为一名真正的小学生。

孩子好的习惯不是一朝一夕形成的，形成习惯要有这样一个过程:听懂→知道→行为→习惯。例如,按时睡觉,按时起床，父母讲的时候孩子听到了，孩子知道这是应该做的，也就按这个要求做了，按时睡、按时起，今天这样做，明天这样做，久而久之就形成了习惯；如果今天这样做了，明天不这样做，不仅不能形成好的习惯，反而会形成坏习惯。在这里很重要的一点儿就是做父母的要有耐心，要有坚持性，对孩子的要求不要“三天打鱼，两天晒网”。

学习、卫生、劳动、生活和行为习惯，对孩子来说都是很重要的，是相辅相成的，做父母的万不可只重视学习习惯的培养，而轻视其他习惯的培养。请父母认真读一读《小学生日常行为规范》，对培养孩子良好的习惯是有很大帮助的。

附：小学生日常行为规范（1991年8月）

一、尊敬国旗、国徽，会唱国歌，升国旗、奏国歌时要肃立、脱帽，行注目礼，少年队员要行队礼。

二、尊老爱幼，友爱同学，平等待人。主动帮助有困难的人和残疾人。要尊重他人的民族习惯。

三、尊敬师长，见面行礼，主动问好，要用尊称，不直呼姓名。

四、孝敬父母，关心父母身体健康，主动帮助父母做事。听从父母和长辈的正确教导，外出或回到家要打招呼。

五、待人有礼貌。说话文明，讲普通话，会用礼貌用语。到他人房间要先敲门，经允许再进入。不打扰别人的工作、学习和休息。不打架、不骂人。

六、对外宾有礼貌，热情大方，不围观尾随。

七、诚实，不说谎，知错就改。答应别人的事要努力做到。不随便拿别人的东西，借东西要还，损坏公物要赔偿，拾到东西要归还失主或交公。

八、爱惜粮食、爱惜学习、生活用品，不挑吃穿，不乱花钱，节约水电。

九、穿戴整洁。经常洗澡，勤剪指甲勤洗头，早晚刷牙漱口，饭前便后洗手。不随便吐痰，不乱扔果皮纸屑。

十、按时休息。上学不迟到、不早退。不逃学，有病有事不能到校要请假。放学后要按时回家。

十一、课前准备好学习用品，上课专心听讲，大胆发言，不懂就问，发言先举手，回答问题声音响亮。课间做有益的游戏。

十二、课后认真复习，按时做作业，书写工整，卷面洁净，独立完成，考试不作弊。

十三、积极参加有益的文化体育活动，认真做广播体操和眼保健操。读写姿势正确。

十四、积极参加学校组织的各种活动，认真值日，保持教室、校园整洁。

十五、自己能做的事自己做，自己的衣物用品要摆放整齐，学会收拾房间、洗衣服、洗刷餐具等家务劳动。

十六、遵守交通规则，过马路走人行横道不违章骑车。不在公路、铁道、码头玩耍和追跑打闹。

十七、乘公共车、船时主动购票，主动给老幼病残让座。遵守公共场所秩序，出入时不拥挤，观看演出时不随便走动，保持安静，演出结束时鼓掌致谢。

十八、爱护公共财物，爱护花草树木和庄稼，保护有益动物，不在课桌椅、建筑物和文物古迹上涂抹刻画。

十九、注意安全，不玩火，不做有危险的游戏。

二十、要看有益的图书、报刊、录像。不吸烟、不喝酒、不赌博、不参加封建迷信活动。遇到坏人坏事主动报告，敢于斗争。

（《品德实用大全》.北京：中国民主法制出版社，1997.）

第五章

中学生的心理特点与家庭教育

孩子上中学了，这应是让父母高兴的事。但有的家长说：“我的烦恼是和孩子的年龄成正比的。孩子年龄越大，我为教育孩子所产生的烦恼也就越多。”这确实是一些家长的心理状态，也是现实问题。就拿辅导孩子学习来说，对中学生绝大多数家长已经无能为力，就是知识分子家长也只能辅导与自己专业有关的内容，对绝大多数课程的内容也无能为力；就教育而言，中学生已经不像小学生那样听父母的话，他们已经有了自己的思想和主见。这些都为家庭教育带来了新的问题。

中学是孩子成长的重要阶段,这个阶段对孩子知识的丰富、品德的形成、理想的确定起着重要的作用，因此家庭教育是不可轻视的。但是，面对中学生的现实，做父母的不知如何辅导孩子学习，也不知怎样让孩子听自己的话。这时的父母要转变教育观念，加强与孩子的心理沟通，平等地交流思想，平等地讨论问题，平等地商量解决问题的办法。这样家庭教育才会有效。而要达到这个有效性，家长还必须了解已进入青春期的孩子的心理特点，必须遵循其心理特点进行教育。违背心理特点的教育往往是无效的，甚至适得其反，让你苦恼。

中学生的心理特点主要表现在以下几个方面：

一、闭锁性和求谅解性

“多嘴明明”的变化。

明明是独生女，生来活泼、好动。从她会说话那天起，一睁开眼，她的嘴就不会闲着，没完没了地向妈妈问这问那。“为什么电车顶上有两条线，公共汽车上面没有？”“小文的爸爸吸烟，妈妈为什么不让爸爸吸烟？”等等。她好像什么都想知道。特别是上幼儿园和读小学的时候，一回到家她就迫不及待地向妈妈“汇报”发生在幼儿园和学校的事，经常是妈妈听烦了，她还没有说完，因此，爸爸给了个“多嘴明明”的大名。

今年 13 岁的明明，已经是初中生了。妈妈发现女儿不怎么爱说话了。以往是女儿说得妈妈烦，而现在妈妈想多听女儿说话，女儿却不怎么说了。往往是问一句，回答一句。问多了，女儿就烦了。你说怪不怪。

明明每天放学回来往自己的小屋里一待，不到吃晚饭时不出来，说是在复习功课，写作业。但妈妈多次看到女儿坐在那里，望着窗外发呆，像是心事重重的样子。当妈妈问她时，听到的还是那句话：“没什么事……”

“女儿有心事了。”妈妈很理解女儿。

“大概是这样，按年龄她该是进入青春期了，你这个做妈妈的今后要注意和女儿多沟通。”当中学教师的爸爸也理解女儿。

明明的变化反映了这个年龄阶段的心理特点——闭锁性。所谓“闭锁性”，是指一个人将自己的心理活动紧闭，关锁在自己的内心，不让其表现出来，使心理活动具有某种含蓄、内隐的特点。

少年进入青春期后，生理上发生了很大的变化，特别是性逐渐成熟，性爱开始萌发，想接近异性同学，又说不清为什么，常怀疑自己，这是不是在学坏？会不会犯错误？这是为什么？他们经常想不明白，也不愿意随便对别人讲。“我发现自己最近有很大变化，在与父母、老师、同学交往时，不像以前那样坦率了，并不把自己真实的想法告诉别人。有些心事我不想说，有时说出来的又不是自己的真心话。我很担心我是不是变坏了。”这位少年的内心活动就是“闭锁性”的表现。

什么是求谅解性？青春期的少年，由于“闭锁性”不愿意向他人透露内心的秘密，因此自感苦恼和孤独，其行为也不同于以往，就像文中的明明一样。这一切都希望能得到别人，特别是父母和老师的理解和支持。

少年要保守内心的秘密，还希望能得到别人的理解，当得不到理解时就会出现两种情况：

第一，在同龄人中找知心朋友。在校园里尤其是放学回家的路上，几个人聚在一起高谈阔论、聊天、发牢骚，议论老师，评论家长，也论外国总统、球星和明星……这时候是他们最快乐的时候，因为他们是同龄人中的知心朋友，不愿向老师和父母讲的事在这里可以自由谈论，实现言论自由。

第二，写日记。因为不被理解，特别是在家里同父母话不投机，在学校又不愿意同老师讲，虽然和同龄人中的知心朋友能自由自在地谈天论地，但终有一些最保密的话不好说，所以，有的少年就开始写日记，把自己感到最愉快的事，最想不通的事或问题写在里面。日记是他们内心世界的写照，是他们的宝贝。日记的内容是不让别人知道的秘密，就是父母、老师、朋友都不许看。一位初二的学生讲："我爱日记，静静的夜晚，一个人在小屋里进行心灵的独白，独自回味着生活和学习中的酸甜苦辣，别有一番情趣。日记是我自己的天地，是我辛勤耕耘的绿地，我最恨偷看我日记的人，不管是父母、老师和同学。"

给孩子一个自己的世界。对孩子不愿意讲的事，做父母的不要强迫他们讲，而是从正面多引导。父母要真心做孩子的朋友，通过对孩子的尊重和信任了解其内心世界。做父母的绝不能私自翻阅孩子的日记和私拆孩子的信件，要给孩子一个自己的世界。正如有人说的："父母还应该给孩子一个自己的世界，尊重属于他的物品，这包括未经孩子同意不使用他的东西，不看他的日记和信件，不检查他的钱包、抽屉和衣袋，倘若母亲感到不看女儿的日记就不能了解情况时，他们之间的关系已达到了相当糟糕的地步了。"

二、独立性和依赖性

"书房"的风波。

初春的一天上午，心理咨询室迎来了一位中年男子。他讲述了最近发生在他家的一件事，他对此事不理解，也非常苦恼。事情是这样的：我家五口人，有父母、妻子，还有一个读初一的儿子，他叫林林。原来林林和我住同一屋，上小学后和爷爷奶奶住一个屋，但学习和写作业还都在我住的屋里，一直很好。

自从上中学后，我慢慢感到他和我在一起时说话少了，也不太愿意在我的屋里学习和写作业了。两周前的星期天，我和他妈妈外出办事，晚上回来一看，小小的门厅发生了大变化。林林自作主张从同学家搬来一张旧桌子放在门厅，上面摆有台历、墨水瓶和其他学习用品，还用自己的零花钱买了台灯，把他的小书架也从我屋里搬了出来。小小门厅变成了他的“书房”。我很不理解，也非常不高兴地问：“林林，你为什么要这样做？”

“不为什么。”他也不高兴地回答。

“屋里不是比门厅更亮、更宽敞吗？”

“我在这里学习写作业也很好。”

“在这里学习对你有什么好处？”

“也没什么不好啊。”

当天就这样不欢而散。从那天开始，他每晚都在门厅里学习，显得扬扬得意，自由自在。我虽然很生气，但也没再说什么。后来我发现林林的桌子抽屉上了锁，就更生气了，问他：“你锁抽屉干什么？”

“不干什么。”他显得满不在乎。

“那为什么要上锁？”

“您的抽屉不是也锁着吗？”

“我抽屉里有别人不许动的东西。”

“我抽屉里也有不让别人看的东西。”

“我是你爸爸，你有什么东西我不能看？”

“那可不一定。”

我和儿子闹僵了。我在忍无可忍的情况下强行让他打开锁。儿子虽然很不情愿，但又无可奈何地生着气打开了锁。我拉开抽屉一看，使我吃惊的是，里面除课本、作业本、课外书和几元零钱外别的什么也没有。抽屉里放这些天天用的东西，用得着上锁吗？这到底为什么？这天我和儿子又一次不欢而散……

中年人所讲的发生在他儿子身上的故事，并不是坏事，说明林林开始成熟。他只想有个独立的学习环境，这是这个年龄阶段少年的心理特点，即“独立性”。

进入青春期后，少年们渐渐觉得自己长大了，不再是“小朋友”了。昔日称他们是“好孩子”“真听话”时，他们会很高兴，也整天围着父母转，像一块黏糖贴在你身上，想推也推不开。而今天，他们已经是少年了，当他们发现自己比父母高一头的时候，你再说他是“好孩子”“小朋友”，他们会十分不高兴的。这时候父母再想把孩子拉到跟前转是很困难的。他们会认为这是在贬低他们，瞧不起他们。他们强烈要求“我是大人”的自我肯定，要求别人也给他们以这种肯定，允许他们独立思考，去做自己乐于做的事，在家里对大小事都有发言权。他们特别反感成人居高临下地看待自己，喜欢那些以商量、讨论方式和自己讲话的人。这就是少年学生独立性增强的具体表现。

笔者曾对刚入初一两个月的一个班进行了有关问题的调查，其中有这样一道问卷题：“有人说，初一学生还是个小孩子，不懂事，你同意吗？为什么？”结果全班46人中，44人表示不同意，占95.65%；只有两人表示同意，占4.35%。其理由是：“我觉得自己是大人了。”“因为从小学到中学是个人生的转折，到中学，我们已经是青年了，已经进入了社会，对一些事已有自己的见解。”“我觉得上中学后，好像比小学长大了许多，好像是一个大人了。”

对于青少年独立性的心理要求，教育家苏霍姆林斯基有一段精彩的阐述：“不要管着我，不要跟着我，不要每走一步都束缚我，不要照看和不信任我，用襁褓带子捆着我，也不要总是提起我在摇篮里的事，我已经长大了。我面前有一座高山，这是我生活的目的。我看着它，想着它，想攀登它，但是，我想独立攀登上这个顶峰。我已经上来了，迈出了最初的几步；我攀登得越高，发现在我眼前的视野越开阔，我看的人越多。展现在我眼前的广阔无垠的一片令人感到可怕。我需要成年朋友的支持。如果，要我讲这话，我感到羞愧和可怕。我希望，大家认定我是独立地、自力更生地达到顶峰的。”

尽管少年自认为是大人了，向父母、向老师、向成人争独立、争自由，但往往夸大自己的认识水平和实际能力。客观讲，处于青春期的少年还是个没有成熟的青苹果，还是个懂不了多大事的孩子。他们知识少，社会经验贫乏，独立的信心带有很大的盲目性；他们的知识浅薄，观点还没有形成，周围的环境对他们又有很大的引诱力。实际上他们想独立而立不住，想自主也主不了，处处事事还需要向成人请教，得到成人的指导和帮助，这就是与独立性并存的依赖性。

尊重独立性。家长对青春期少年的独立意识和要求要理解和支持，做到家里的大事要让孩子知道，参加讨论，允许发表不同意见。凡是说对了的家长都要给予肯定和鼓励。其目的在于培养和提高孩子的独立意识和水平。

指导独立性。对少年的言语和行为，特别是校内外的活动家长要认真关注，使他们的言行按正确方向进行。如果出了偏差，不能只是批评，重要的是引导孩子分析原因，明确改进的办法。如果林林的父亲对儿子的“书房”不是生气，而是具体指导儿子把“书房”布置得更好些，这样就不会出现父子间的两次不欢而散。

统一认识。父母和少年的认识经常是不一致的。这并不重要，问题是做父母的怎样去对待这个不一致，对少年的不同意见和错误观点，父母不能压制，让他们把话说完，因为有些事成人认为不合理，不应该做，他们却认为合理，可以这样做。对类似的分歧只有通过讨论才能统一认识，也只有这样才能做到让其心服口服。

三、批判性和片面性

优秀生之争

星期天，儿子给爸爸讲述了发生在他们班的一件难解决的事：

初二（3）班要选一名校级优秀生，基本条件是模范遵守《中学生守则》和《中学生日常行为规范》。全班不记名投票的结果，学习委员张莉和英语课代表周群的票数比较集中，但谁也没有超过半数。为了让同学们充分发表意见，班主任让张莉和周群回避。

在班里两位同学都有支持者，同样也都有反对者。不同意张莉为优秀生的同学认为：她各方面表现都比较好，就是有点娇气，在军训时受到教官的批评。不同意周群为优秀生的同学认为：上学期他因为吸烟受到过老师的批评，现在虽然不吸烟，但也违犯过《中学生日常行为规范》中“不吸烟”的规定。班里争论了近两节课也没结果，谁也说服不了谁，各自都坚持自己的观点。

最后，班主任说："张莉和周群同学都是班里品学兼优的学生，从评优秀生的条件来衡量他们两个表现都不错，不论选谁都具备优秀生的条件，但我们只能选出一名，请同学们优中选优。我要指出的是他们和大家一样，在前进的路途中也免不了有这样那样的缺点，甚至做错事。同学们不要抓住他们曾经有过的缺点不放，而要全面地、发展地评价同学……"

"爸爸，您说我们该怎么办？"

"你作为班长怎么评价这两位同学？"

"他们两个在班里各方面表现都不错，是我们班数一数二的好学生。"

"你认为他们两个中谁应被评为优秀生？"

"他们两个谁也不能被评为优秀生。"

"这是为什么？"爸爸惊讶地问。

"张莉和周群虽然表现都很好，但谁都有缺点啊！"

"你的看法有些片面，再优秀的人也会有缺点，甚至做错事。你这个班长难道就没有缺点？没有做过错事？"

"这……"儿子低头难语。

"还是你们班主任说得对，不要抓住人家已经改过的缺点不放，要全面地、发展地评价同学……"

初二（3）班选优秀生之争和这位小班长的观点，反映了青春期少年在认识上的批判性和片面性的心理特点。

幼儿园的孩子、还没有进入青春期的小学生，他们的行为一般都受成人的支配，他们还没有明确评价事物的标准，在与别人争论什么时唯一的理由就是"老师说的""我妈妈说的""书上就这样写的，不信你去看”……在他们看来老师说的、妈妈说的、书上写的是绝对正确的，不用怀疑。进入青春期后，情况就慢慢发生了变化，他们开始进入一个喜欢怀疑和争论的时期，他们渐渐不完全相信老师讲的、父母说的、书上写的都是权威性意见，他们有自己评价事物的标准，经常听到他们说：“我认为……”“我的意见是……”等。他们很喜欢怀疑和争论，常用批判的眼光看待周围的一切，这就是批判性，是青春期心理发展的重要特点。

批判性是青春期少年的可贵品质，这说明他们已经走向成熟。但是少年的批判性带有很大的片面性，有时怀疑一切，没有根据地坚持自己的意见；有时孤立地、片面地看待问题，不是肯定一切，就是否定一切。说某个同学好，一切都好，只看到优点，看不到缺点；说某个同学不好，一切都不好，只看见缺点，看不见优点。所以讨论问题往往是认死理，钻牛角尖，这就是批判性中的片面性。

因此，少年往往根据个别的因素，形成一种看法，实际上是只知其一，不知其二；只见树木，不见森林；只望东南，不看西北。所以，对初二（3）班的校级优秀生是张莉，还是周群，同学争论不休，意见不一，不能发展地、全面地评价张莉和周群同学。出现这种情况是不奇怪的，因为片面地看待问题是这个年龄阶段很容易出现的现象。

父母要鼓励孩子独立思考，支持他们对任何事和问题发表个人见解，哪怕是与父母完全不同的意见，甚至是错误的意见，其目的是发展孩子的批判性特点。已经是青春期的少年了，如果不爱动脑，不善动脑，对什么事都没有自己的看法和态度，经常是非不分，丑美不辨，对一切都随声附和，别人说什么就是什么，更不是当代少年应有的特点。

爱发表意见，认识上又有一定的片面性，这是造成少年和父母观点和态度相矛盾的根本原因，经常对同一件事和问题你这样看，他那样看，往往闹得不欢而散。如何解决这个矛盾呢？第一，对少年的片面性认识和错误观点，父母以长者的身份和口气进行教训，讲大道理，甚至训斥，扣帽子；第二，父母与孩子平等地交换意见，开展讨论，摆事实讲道理。还要站在少年的心理位置上去思考问题。前者的做法会造成父母和孩子之间矛盾的扩大，即使孩子接受父母的意见也往往是违心的、逼迫性的，不会是口服心服的；后者能做到心平气和，开展充分的讨论，把各自的理由讲清讲透，就是最后达不到意见一致，最多也是个求大同、存小异的结果，这样的认识和观点带来的矛盾就不容易扩大，更不会造成情绪的对立。

四、活动能量大和认识水平低

从“没想过”说起

小明和小杨放学骑自行车回家，途经一条小河，河上有一座没有栏杆的小桥。当骑车到小桥中间时，小明突然用脚踢了小杨一下。小杨没有提防，精神一紧张，身体一晃，从桥上掉进了小河。好在是一条小河，水不太深，在同学们的帮助下，小杨很快被救了上来。

小杨有点生气地质问小明：“你干吗要踢我？”

“我是跟你闹着玩的。”

“我知道你是闹着玩的，这是在桥上，你用那么大的劲我受得了吗？”

“我真没想到你会掉下去。”

……

拦汽车的“勇士”

放学了，几位初中男生在校门口闲谈，远远开来一辆北京130汽车。其中一位同学说：“你们谁敢站在马路中间拦住前面那辆汽车？”一位同学很爽快地说：“我敢！汽车撞死我，我也不会动，你们谁敢？”说着立即站到了马路中间。

“我也敢！”刚才发问的那位同学也站到了马路中间。汽车司机很远就鸣喇叭，因为离得远没有减速，心想他们会很快躲开。谁知二人竟纹丝不动，直望着迎面开来的汽车。汽车离二位“勇士”只有几米了，司机紧急刹车，但已经晚了，汽车行驶的惯性将一位同学撞倒在马路中间。一场不该发生的悲剧就这样发生了。

“你为什么站在马路中间拦汽车？”班主任去医院探望时问受伤的学生。

“就是闲的，也是张勇他们几个激的。”说着他红着脸低下了头。

“你不知道这会危险吗？”

“没想到真的撞上汽车。”

……

两位少年不同的过失行为，相同的是“没有想到，”这正好反映了处在青春期的少年活动能量大，认识水平低的心理特点。

青春期的少年，活动能量比较大，几乎接近成人，特别是短暂爆发性的能量往往超过成人。所以，体育优秀的运动员在少年期已露头角，刷新了许多世界纪录，创造出优异的成绩。少年精力充沛，好像有使不完的劲。郊游一天回来，父母累得够呛，坐在沙发上不想动，而他们照样和同伴打打闹闹，一点也不感到累。平日走在马路上，见到一块破砖头、一个白菜根，也要踢它几脚……就是闲不住，也不想闲着。

青春期的少年活动能量大，但认识水平远远低于他们的活动能量，即活动能量大，认识水平低。做起事来付出的能量大，得到的效果并不理想，还经常做一些盲目的活动。你看他高高的个子，干起活来却是笨手笨脚，很不协调；他们有时没有怎么想就行动起来，很少去想行为的后果，因此也常做蠢事。你问他“为什么要这样做？”他会说“我也不知道”“没有想过”“觉得很有意思，也很好玩”，等等。

北京的两兄弟，突发奇想去看大海，还不知大海在什么方向，也没有告知任何人，周六就骑自行车出发了。他们骑车走了一段路后觉得太累，把自行车卖了，乘火车到了福州。到福州哥俩就傻了眼，闽南话听不懂，吃饭、睡觉没有着落。这时看大海的兴趣也就没有了，两人坐在路边哭了起来，被一位好心的老人收留在家。两天没看见孩子，也不知去向，父母快急疯了，全家人急成了一锅粥。接到福州老人打来的电话，着急万分的父母连夜赶到了福州，见到平安无事的兄弟俩，问他们：“为什么要离家出走？”

“想去看大海。”

“为什么不告诉家里人？”

“怕不让去，心想两天就回来，误不了星期一上学。”

父母听了，哭笑不得。诸如此类的事在这个年龄阶段时有发生。因此,在小桥上把同学踢到河里、装勇敢拦汽车并非怪事。

充分发挥青春期少年的活动能量,参加各种有意义的活动。父母应指导孩子利用双休日和节假日去博物馆参观、郊游、登山、打球、跑步等;还可以从事社会公益活动，在社区搞宣传，维护环境卫生和绿化，帮助空巢老人等；也可帮父母做力所能及的家务劳动……这样能使青春少年的能量得到积极、正确的发挥，同时也能从中受到教育。

对少年在自发活动中出现的问题、做错的事、惹出的麻烦，做父母的不要一味地批评和指责，也不能无休止地唠叨，而是要心平气和地摆事实、讲道理，让孩子明白应该做什么，不应该做什么，还要明白为什么，把基本点落在提高认识水平上。

五、情感的丰富性和不稳定性

不打不成交

丁零零……一天的学习结束了。同学们都涌向了校门口。初三学生郑强刚跑出校门口，被低年级一位骑自行车的同学撞倒了。骑车的同学马上支好车把郑强扶了起来，带有歉意地说:“真对不起，我有急事回家，骑得快了点，不小心把你撞了，摔坏了没有?”说着拍打郑强身上的土。郑强被撞得十分疼痛，心里很恼火，不容分说抓住那位同学就打。由于他个高力大，下手又重，对方的鼻子都流血了。

郑强出了气后，以胜利者的姿态离开了校门口。在回家的路上显得很得意：教训了别人自己还没吃亏，该打，谁让他不长眼撞了我……最后竟唱着“大刀向鬼子们的头上砍去”的歌回到了家里。

经过一个晚上的休息，被撞引起的火气已烟消云散。在上学的路上，他一边走，一边想着发生在昨天的事，想来想去，总觉得自己的行为有些欠妥，心里总不安："人家又不是故意撞我，也怨我自己跑得太快，收不住脚，再说人家已经道歉了，还扶起了我，我为什么还要打他呢？唉！我真该死！不像个高年级学生的样子……"到学校后，他找到那位同学主动承认了自己打人的错误，请求对方原谅。"没什么，全怪我骑车太快撞了你，还疼吗？"从此，二人成了朋友，低年级的这位同学经常找他问学习中的难题。郑强也很耐心地给他讲解，毕业后还把自己中考时用的全部资料都送给了那位同学。还真是不打不成交。

青春期少年的情感是丰富的，表现也很强烈。热情、自尊心强，讲义气是重要的表现。朋友间拉不开面子，明知不对，为了朋友也要去做，甘愿自己受批评、受委屈，也不"出卖"朋友。他们把"哥们儿义气"和友谊混为一谈，而且把"哥们儿义气"看得比什么都重要。

然而，青春期少年的情感很不稳定，容易冲动，带有明显的两极性。他们对学习或做好一件事，时而信心十足，时而垂头丧气；同学间为一件小事相互动怒、怄气、争吵，甚至打架，没多久又言归于好，好像什么事也没发生，甚至成为朋友。他们的情绪来得快，平息得也快，忽热忽冷。郑强的行为足以说明这个特点。

以爱丰富少年的情感。少年很容易受情感的感染，他们需要信任、尊重、关心和爱护。因此，通过真诚的父爱、母爱，培养孩子爱自己、爱父母、爱家庭、爱同学、爱老师、爱学校、爱人民、爱祖国、爱……的情感。做父母的要为孩子付出实实在在的真情，在任何情况下都要关心孩子的生活、学习、身体健康、心理健康。孩子行为出了偏差，学习有了问题，要平等交流情况和意见，做到以理服人，以情服人，而不能指责、训斥，更不能打骂，以防少年纯洁的心灵受到伤害。

引导少年严格区分友谊和“哥们儿义气”。通过摆事实、讲道理，要让孩子懂得：友谊有共同的、正确的奋斗目标，而且是相互关心、爱护和帮助；友谊不伤害他人、对方和集体的利益。“哥们儿义气”以满足私欲为基础，往往是相互利用，以达到个人的目的；它伤害他人、对方和集体的利益，最后也伤害自己。例如，张某是高中二年级的团支部书记。一天放学后，初中时的一位好朋友来找他，说有人欺负他，请张某帮他去教训一下。他本不想去，由于丢不下“哥们儿义气”的面子就跟着去了。结果双方话不投机，发生口角，动了手。张某一气之下一砖头打在对方一个人的太阳穴上，后因抢救无效而死亡。张某在拘留所泪流满面地说：“我真后悔，‘哥们儿义气’害了我，毁了我的一生……”

教育少年要控制自己的情绪。情感容易冲动是青春期少年的情感特点，这个冲动如果失去控制，轻则会做错事，受到批评和惩罚；重则会犯罪，变成阶下囚。例如，庄某是北京某技校的学生，在实习时认识了外地来京打工女小玲，两人在交往中情感发展很快。庄某向父母提出带小玲回家同住，父母觉得他和小玲岁数还都小，应把精力更多地放在工作和学习上，而且小玲是外地人，没有北京户口，以后好多事情不好办，所以没有答应儿子的要求，为此庄对父母极为不满。2002 年 6 月

14日下午，庄再次向母亲提出让小玲住到家里来。母亲没有答应，母子间发生了激烈的争吵。下午5时，庄乘母亲做饭之机将母亲杀死，继后也将下班回来毫无防备的父亲杀死。这不能说与庄的情绪失控没有关系。事后他极为后悔自己的行为，在行刑前说："在另一个世界不知该如何面对父母……"因此，家长要教育孩子在任何情况下都要善于控制自己的不良情绪，在情绪冲动时，要多想一想冲动的后果，使冲动下的不良行为受到控制，让孩子明白"让一分海阔天空，退一步心平气和"的道理和作用，遇事做到"三思而后行。"

六、性意识增强

少女的心思

一天上午，课间操后，初三（1）班的一位女生把班主任叫到操场边上的树下，左右看了看，很神秘地小声说：

"王老师，咱们班要出大事！"

"出什么大事？"王老师很感奇怪。

"您知道吗？今天上午两节课，学习委员乔玲回头看了班长马静67次！"

"你怎么知道？"

"我座位在他俩后面，是我数的啊，一点也不错。"她显得很得意。

"你数这个干什么？"

"王老师，您真不明白？肯定是乔玲看上了马静，他们要交朋友。"她看着老师满脸笑容。

"你还给谁说过这件事？"王老师严肃地问。

"没有，我向您保证，我给谁也没说。"

"以后也不要向别人说这件事，懂吗？"

"懂，我又不是小孩子，知道该怎么做，您放心好了。"

一天课间操后，初二的三位女生A、B、C聚在一起，兴高采烈地议论正在打闹的本班男同学，主题是他们中间谁喜欢哪位男同学。

A说："我喜欢张杰，你看他笑起来多好看，可以说是我们班里最帅的了。"

B说："我喜欢李小峰，他学习好，可称得上是咱们班的秀才。"

C说："我最喜欢马明，他虽说个子不高，学习和我一样也一般，但他能帮助同学，上周五在回家的路上初三几个男生拦住我，是他出面解的围，从那天起我就喜欢上他了。"

正在这时，又来了第四位女生，问她们在说什么。嘴快的B说："我们在说，谁喜欢咱们班的哪个男生。"

A问："哎，你喜欢谁？"

D说："我早喜欢李小峰，他……"

D的话还没说完，B抢着说："是我先说出来喜欢李小峰的，总得有个先来后到吧？"B显得满脸不高兴。

D看着B想了想说："那好吧，我退出，把李小峰让给你，谁让我是大姐哩。"

B的脸上由阴转晴："这还差不多。"

丁零零……上课铃响了。

一位13岁的女生给同班的一位男生写纸条说:“我们俩交朋友,25岁的那年春节就结婚,如果你妈妈不同意,我们就单过,生了孩子叫王×。”

读到这里,家长们有何想法呢?是吃惊、好笑,还是理解、深思?无论怎么想,上面谈到的都是事实。王老师在没有得到学生反映前已经发现了乔玲的问题,是在等机会交谈;A、B、C、D四女生的事是在A和教导主任同路回家的路上无意中说出的;13岁的女生写的纸条是收条的男生交给班主任的。我们谈到的有关少年男女学生,老师们都做了耐心细致的工作。下面是王老师和乔玲的一段谈话;

一天放学后,王老师把乔玲叫到办公室,老师们都下班回家了,办公室只有她们师生俩。在谈一些班里的学习情况后,谈话转入正题:

“乔玲,你最近是不是有什么心事?”王老师很严肃地发问。

“没有啊!”看着老师的表情,乔玲感到奇怪。

“乔玲,你是个懂事的孩子,又是共青团员,你要对老师说实话。”

乔玲望着老师没有说话,脸上却闪过一丝别人不易发现的表情。

“最近我在讲课时,发现你注意力不太集中,还经常走神,作业出错的也多了,这是为什么?能说没有原因吗?”

“不为什么。”乔玲回答显得不理直气壮。

“上课时你还经常回头往后看,你在看什么?”王老师点了要害。

“没看什么。”她红着脸低下了头。

“你是不是在看马静?”

“王老师,您都知道了?”她抬起头以惊奇的神态看着老师。

“我能不知道吗?说说,你是不是喜欢他?”

乔玲低头半天不语。

“你说实话,这里没有别人,我也不会对任何人讲。这你放心。”

“不知从什么时候开始,我对马静产生了好感,而且是那么强烈,那么难以控制……”

“马静知道你喜欢他吗?”

“我不知道。”

“你没有向他表示过吗?”

“想过,但没敢,多次给他写好信,又都被我撕掉了。”

“为什么?”

“谁知道他怎么想,再说万一让老师或同学看到多不好。”

“你是个诚实的孩子,老师相信你说的是实话。”接着王老师给乔玲讲了中学生要把心思放在学习上不能谈情说爱的道理。最后乔玲表示接受老师的意见,不再想这件事,好好学习,准备中考。但她提出一个要求:“无论如何,不能把这件事告诉我爸爸妈妈。”王老师答应了,也做到了。以后王老师和乔玲又朋友式地交谈了多次,她的情绪逐渐稳定了,又恢复了以往的精神状态。初三毕业后,乔玲考上了理想的高中。

经过老师的工作,前文提到的那几个女生,整个初中阶段都没有出现任何类似的问题。初中毕业后,有的上了高中,也有的进了职业高中和中专……

少女的心事并不奇怪。青春期的少男少女，恰是身体生长的第二高峰期，短短几年，外形百变，第二性征出现，性器官趋于成熟，这就带来了性意识的萌发。少年男女开始对异性产生兴趣和好奇心。同时，一些影视、小说、歌曲的负面作用，特别是屡禁不止的黄色作品带有强烈的性刺激，对少年男女的性意识起诱发作用，促使少年产生选择异性朋友的想法，甚至发生性行为。这里不是说少年时期一定会发生选择异性朋友的事，而是说发生乔玲等的性萌动的事并不奇怪，应该说是一件很正常的事。从个人生长发育讲，这是个进步，从不懂异性到懂异性，产生异性爱，这是个进步。十五六岁的小伙子、大姑娘，不懂异性和异性爱，那就是傻小子、傻丫头，不是生理上有缺陷，就是心理有障碍。这里的关键是做父母的如何正确地教育和引导，帮助孩子平安度过青春期。

要分清少年男女之间的正常交往和谈恋爱。青春期的少年男女，生理发展快，心理变化大，开始意识到两性关系，对异性渐渐有了接触和亲近的愿望。这种情感和内心体验是很正常的，不能视为什么问题。因此，本文开头讲到的乔玲等女生的行为表现不能视为她们在谈恋爱，客观而正确地讲，她们只是有了比较强的性意识，而没有性行为。

正确对待少年期的性萌动。青春期少年的性意识明显强烈，他们对异性有好感，有交往的愿望和追求，有的为了赶时髦，免不了相互写信、传纸条、打电话……笔者看过多封被父母查获交来的信，其内容多是他们生活和学习中的某一件事，没有一封是谈情说爱的信，在少年成长发育过程中这样的现象免不了会发生。

细心的父母对孩子的性意识都会有所察觉的，爱打扮，讲究着装等都是表现之一。像本文开头讲的那样类似的性意识表现，家长很难得知，因为这样的事同学们只会向老师反映，一般不会向其家长反映。做父母的如果得知孩子这方面的问题，不要大惊小怪，把它看成洪水猛兽，好像孩子变坏了，对其训斥，甚至打骂，而是要用父母的爱和温暖去关心、指导孩子在异性间的正确交往。任何简单粗暴的高压只能把事情推向反面。

青春期的少年正处在半成熟半幼稚，半成人半儿童的这样一个阶段，被人们称为“危险期”，这时他们更需要成人的理解、帮助和引导，做父母的不要只关心孩子的学习成绩，而要以平等的态度和孩子多交流、多沟通，了解孩子在想什么，在做什么，需要什么样的帮助，在此基础上针对性地给孩子以帮助和引导。在这个年龄阶段，父母特别要关心孩子的思想动向、品德和行为表现。

第六章

少年犯罪

少年犯罪是当前家长、学校和社会所关注的问题。以下是近两年来《京华时报》等刊物对少年犯罪的报道：

《16岁少年敲诈同学8万元》

《少年杀害中学生勒索150万》

《三少年为兜风劫杀女司机》

《17岁少年冒充刑侦队长骗财骗色》

《两女中学生17刀刺倒同学》

《石嘴山九少年活埋中学生案宣判》

《两少女光天化日下贩毒》

《四少年杀妇女共判57年》

《18岁少年抢车杀人焚尸》

《17岁少年杀外公碎尸》

……

这些触目惊心的案情，包含了抢劫、敲诈、勒索、贩毒、杀人、焚尸、碎尸……让人很难相信是少年所为，但确确实实是少年所为。这些少年犯罪的类型和手段几乎与成人所犯的罪完全相同。小小年纪，正是长身体、长知识的黄金时期，为什么会走上犯罪的道路呢？这不能不引起全社会的思考。

少年犯罪的原因是很复杂的，是多方面的，其中有社会、学校教育和少年自身的原因，但家长负有不可推卸的责任。

一、爱的失度

父母爱孩子，这是人类的天性，是无可非议的。但是，爱要有原则，爱要有“度”。“溺爱虽然是一种伟大的情感，却会使孩子遭到毁灭。”（马卡连珂）

是谁把孩子引上了罪恶之路？

阿明的父亲是某商场的经理，姓陈。商场虽不算大，利润却年年递增，阿明家的生活也随之“蒸蒸日上”。陈经理除了有公开的效益，还有私下的收入。平日其家中经常是高朋满座——谈生意的、送礼说人情的、拉关系“走后门”的络绎不绝。凡不便在经理办公室谈的事情，一律把办公地点“转移”到家里，在交杯换盏和笑语欢声中暗度陈仓，拍板成交。这一切，阿明耳闻目睹。

阿明的母亲没有什么文化，以前家庭经济条件有限，只求温饱。现在家里阔绰起来，工作之余忙于逛商场，热衷于穿着打扮，金银首饰一应俱全。

随之而来的便是对儿子的娇惯。她把儿子视为掌上明珠，对儿子的需要百依百顺。她说：“儿子要什么我就给买什么，从没说个‘不’字。”于是孩子要 20 元，她就给 50 元；家里烟酒无数，儿子随便抽、喝，从不阻拦。阿明就在这样的家庭环境中生活、长大，因此他的欲望就像无底洞，穿的时髦，用的高贵，衣来伸手，饭来张口，花钱如流水，吃喝玩乐伴随着每一天，简直就是一个“公子哥”“阔少爷”，甚至带女孩子来家里过夜。母亲非但不阻止，还为他们“提供方便”。在这样的氛围里，他没有心思读书，不仅如此，还打群架、骂老师，欺负女同学。学校多次教育，由于家长不配合，且一味偏袒，阿明在下坡路上越滑越远，以致铸成犯罪。

7月中旬的一天傍晚，阿明一伙与另外几个人在买西瓜时发生口角，随后便动了手。这时，阿明拿出水果刀扎向对方一人的腹部，结果对方因抢救无效死亡。阿明被送进了拘留所，等待他的将是法律的制裁。

……

是谁把阿明引向了犯罪之路？无疑，是阿明的父母，是他们的“身教”起到了负面作用；是父母无休止的溺爱毁了孩子的一生。

父母爱孩子是为了他们健康成长，因此爱要有“度”。这个“度”就是尺度，就是标准，如果失度，就容易产生偏爱、溺爱、纵爱，这就有可能毁掉了孩子的一生。爱要有“度”主要表现在以下几方面：

1. **爱不能过量。**“量”，就是父母对孩子的爱所持的态度。孩子一般有两种要求：一是物质要求；二是行动要求。随着年龄的增大，他们在物质上的要求，品种越来越多，质量也会越来越高；行动上更在乎“自由，”总想摆脱家长的管束和控制。这时，做父母的一定要把握好“量”。无论是物质还是行为，凡是满足过量，百依百顺，就会酿成恶果。所以哲学家卢梭说："你知道用什么方法一定可以使你的孩子成为不幸的人吗？这个方法就是对他百依百顺。"由此可见，对孩子的不合理要求一定要在"量"上加以节制。

2. **爱不能失"教"。**"爱子必须教子，教子爱在其中"这是著名表演艺术家郑邦玉先生的教子之谈，笔者十分赞同。父母不仅要关心孩子的生理发育，更要关心他们的道德品质和心理素质的培养，这就要使他们从小受到良好的家庭教育，使孩子在家庭第一课堂中，学会生存、学会学习、学会劳动、学会关心、学会尊重，最主要的是从小学会做人。

3. **爱不能有始无终。**父母对孩子的爱应是一贯的，要做到有始有终，不能受父母情绪的制约，即不能在情绪好时就将孩子奉为掌上明珠，有求必应，不讲原则，而情绪不好时孩子成了出气筒，不讲原则。尤其是夫妻不和睦、闹矛盾时不能把孩子推过来踢过去，看成累赘。

4. **爱不能失礼。**爱不能不拘小节，不分性别长幼，不分场合地相互亲昵,使孩子与人接触时不知内外有别和把握尺度。

5. **爱不能随心所欲。**父母对孩子的爱要始终坚持教育性原则，而不能喜怒无常，时而物质奖励，时而拳脚相加；时而捧上天，时而一味数落；时而严加管教，时而放任自流，这样会使孩子无所适从。

6. **爱不能超标。**父母对孩子学习上的要求应从孩子的实际水平和能力出发，不能超出孩子的承受能力，更不能因孩子的学习成绩欠佳就训斥，甚至打骂等。

7. **爱不失原则。**爱不能违背严爱结合的原则、教育的一致性原则、教育的量力性原则、教育的一贯性和针对性相结合的原则、年龄特征和个性特征相结合的原则等。

一个死刑犯临上刑场前在写给父母的信中说："爸、妈，我犯了罪，受到法律的制裁死而无怨。但我怨小时候你们对我太娇惯、太纵容，以致使我目空一切，无法无天……"阿明的结果不就是如此吗？爱要有度，而不能失度！

二、教育失效

马克思说："父母的行业是教育子女。"古人云："子不教，父之过。"这都表明了家庭教育的重要意义。应该说，父母是孩子健康成长的基石，如果孩子失去了父母的教育，这个成长的"基石"就不牢，人生的路就很容易走偏。

迟到的探望

乔民的父亲工作单位离家较远，工作又忙，一个月回家一次。母亲开个理发店，每天回家很晚，经常是妈妈还没有回来，儿子已经进入了梦乡，第二天早晨，儿子去上学了，妈妈还没有睡醒。母子俩只有儿子放学后在理发店见面，由于店里很忙，孩子和妈妈说不了几句话便匆匆离开。

就这样，父亲忙于工作，母亲只顾挣钱，对儿子的生活、学习、行为不闻不问，一切都交给保姆打理，就连学校召开的学生家长会也由保姆代开。而保姆为了有份工作，对乔民从来百依百顺，因此，乔民完全失去了家庭教育，一切放任自流。

刚上初一的时候，他多次被人勒索，甚至挨过别人的拳脚。这时，得不到爸爸的保护，更无法向妈妈"诉苦"，小小年纪，无人关爱，唯一属于自己的只有眼泪。后来，他认识了社会上的无业青年丁三,他以一条红塔山香烟为礼物,请求丁三的"保护"。丁三拍着胸脯说:"小兄弟,别害怕,以后谁敢欺负你,有哥哥给你做主……"从此,乔民经常和丁三混在一起,不仅慢慢学会了抽烟、喝酒,还学会了打架斗殴。一个本来很招人喜欢的小男孩,却变成了另一个人。但是这一切,父母并没有放在眼里,也没有考虑到将来的后果。

快要升初三的时候,乔民的个头长到了一米七五,身材苗条,清秀的眉宇下一双水灵灵的大眼睛,英俊中显出了一股书生气。然而与其长相不相符的是,他心毒手黑,可称得上校内外一霸。

起初,他向低年级的小同学索要钱财,不给就拳脚相加。一天,他向一个初一的男同学索要20元钱,那男孩说自己没有,乔民就让他第二天带来,可那男孩没有如约带钱。他先是打了男孩一顿,随后将20元提高到30元。次日,那男孩依然没有带钱,乔民就纠集了三名同伙,又把男孩痛打了一顿,并且提出索要40元,还威胁说:"一天不带钱就打一顿,钱长10元。"男孩不得已告诉了家长。在学校的协调下,问题得以解决,为此乔民受到了学校的处分,但是这没有引起家长的重视,他们仍然在为钱奔波着、忙碌着……

10月的一天,恰好是丁三的生日,乔民一伙为了给丁三庆生,聚在一家餐馆大吃大喝。当他们酒足饭饱即将离开之际,与邻桌的另一伙发生了口角,并动手厮打。此时,乔民趁乱掏出匕首,无情地刺向对方同龄人的胸膛……

当父亲从百里之外匆匆赶来时,儿子已经被关押在拘留所。当母亲扔下理发店的生意探望儿子时,往日那眉清目秀的儿子,如今已成为杀人行凶的少年罪犯。当这时父母后悔地向儿子说

“对不起”的时候，儿子却满腹怨恨地说：“如果你们少挣点钱，多关心关心我，我也不会走到今天这一步，我恨你们，是你们害了我……”此刻父母虽然泪流满面，但为时已晚。

……

父母失去对孩子的教育，使孩子放任自流，这里有多种情况：有的家长工作忙，家距工作地又远，早出晚归，与孩子接触时间少，更谈不上教育；有的在国外工作，或为了自己的事业，把孩子寄托给自己的父母；有的“望子成龙”心切，对孩子提出过高的、不符合孩子实际的要求，当目的不能达到，期望破灭失去信心，放弃教育；有的忙于挣钱，顾不上教育孩子；也有的存在“树大自然直”的思想……这样孩子就失去了父母应有的关心和教育，加之外界的诸多影响，容易出现过多的问题行为，甚至犯罪。

做父母的无论有多少客观原因，不管有多大困难，放弃对孩子的关心和教育就是失职，就是不称职的家长。因此，父母在任何情况下都要承担起教育子女的重任。

父母关心和教育孩子的前提是对孩子的了解，那么父母应该了解孩子什么呢？

了解与谁交往。父母对孩子的择友、交往不能掉以轻心。古人云：“近朱者赤，近墨者黑。”孩子经常同勤奋好学、品学兼优者交往，必然受到良好的影响；如果经常与学习松懈品德不良、行为不端者交往，天长日久就会染上恶习，甚至走上犯罪道路，乔民就是很好的例证。

了解学习状况。孩子的思想出了问题，就必然在学习过程中反映出来。例如在校学习精神不集中，回家作业不认真完成，更有甚者，考试成绩直线下降。这时，做父母的要冷静思考，认真观察孩子的行为变化，从而摸清思想变化，发现问题及时纠正。

了解业余生活。孩子的许多问题都是在业余时间产生的，家长要给予关注。例如，业余喜欢读什么课外书、看什么影视作品、浏览什么网页……因为少年模仿性强，有些孩子由于缺乏家庭教育，辨别是非能力比较差，极易受到不良书籍和影视作品的毒害，所以关注孩子的生活绝非小事。

了解生活习惯。人们常说习惯成自然，好的习惯会受益终生，而坏的习惯也许会遗恨终生，这一点家长切不可忽视。例如，女孩子的穿衣打扮，花钱消费有无特殊变化；男孩身上是否有香气，口中是否有酒气、衣袋里是否有烟丝、书包里是否有“凶器”……如果发现孩子的特殊变化，一定要及时提醒、纠正，防微杜渐。

要使父母对孩子的教育有实效，就必须了解孩子在校内外的行为表现，并有针对性地给予指导。这才是实实在在的家庭教育。任何不了解孩子情况的、没有针对性的说教只是空谈，不起任何作用。

三、父母失情

有的做父母的重视家庭教育，也严管自己的孩子，但方法不得当,所奉行的是“不打不成材”的陈旧观念,实行的是“棍棒教育”，结果是把孩子逼上不归之路。

张先生迟到的悔恨

一天，张先生被请到派出所，原来，读初中二年级、已离家多日的儿子因结伙抢劫被公安部门抓获。公安干警交给张先生一份儿子在拘留所写的犯罪交代材料。下面是其内容的部分摘录：

“我爸爸工作很忙，每天早出晚归，休息日也经常加班，和我在一起的时间很少。从我记事起，我就整天和保姆生活在一起。

“爸爸妈妈对我管得很严，特别是爸爸，我做错了什么事，轻则训斥，重则拳打脚踢，甚至棍棒相加。记得爸爸打我最重的一次是在上小学五年级时，有一次我把交中午饭的钱丢了。爸爸不相信丢了，说是我拿去玩了游戏机，他用皮带抽我，因此我在床上躺了三天没去上学，现在想起来我就委屈。

“爸爸不在家时，妈妈对我管得也很严，放学后不许在外面玩，必须按时回家；来晚了就要打破砂锅问到底，像审犯人似的。记得刚上初一没几天，我和几个新认识的同学在街心公园球场上踢足球，因为高兴忘了妈妈规定的回家时间，想起来时已经过了半个小时。当时我想，现在回家也是晚，少不了挨骂挨训斥，干脆玩个够，就是挨打也值。那天我一直玩到路灯亮才回家。妈妈回敬我的是几个耳光。晚上我连饭都没吃，躺在床上哭了半夜。

“在家里，我既怕爸爸，也怕妈妈，犯点小错误或考试成绩不好就不敢回家。有一次英语考试不及格，我没敢回家，在工地的洋灰管子里住了一夜。第二天班主任和同学找到我，领我回到学校。

“在家里我没有什么温暖，在学校也就无心学习，上课不注意听老师讲课，作业也无心完成，这样学习成绩也就好不了。期中考试英语、数学两门课不及格，怕回家挨揍就和别班的两个同学一块儿离家出走了。我们整天在大街上流浪，晚上睡火车站、地下通道，因为没有钱吃饭就学会了偷、抢。

“如果我爸爸妈妈不是那样无情地打我，多关心点我，我的学习成绩也会好，我也不会走到今天这一步。”

严格管理。正处在青春期的中学生，知识缺乏，社会经验不足，对问题的识别能力比较差，而现实社会又很复杂，许多方面对他们又有很强的吸引力，他们遇事容易情绪冲动，缺乏“三思而后行”的能力。这样行为容易出错，甚至很有可能还会触及法律。所以，做父母的对自己的孩子要严格管理，不能放任自流，任其发展，要时刻牢记“子不教父之过”的古训。

严管有度。对孩子严格管理的目的是让孩子健康成长，身体健康、心理健康、行为健康、智力潜能得到发挥，而不是限制孩子的正常行为，抑制其发展。要管住孩子的错误思想和行为，而不是限制孩子这个年龄阶段的想法和他们的正常行为表现。

严管有爱。严管不是无情，而要充满爱。对孩子行为上出错要坚持“晓之以理，动之以情”，不能不分青红皂白就使用暴力；对学习方面出现的问题，要帮助孩子分析原因，共同讨论改进办法，同时对学习成绩的要求应从孩子的实际能力出发，不要提出不切实际的过高要求，使孩子望而生畏，对学习失去兴趣，丧失家庭温暖。也只有这样，孩子才能听进父母的教导，才能建立自信，智力潜能才能得到充分的发挥，学习成绩才会提高。

严管不等于“棍棒教育”。“棍棒出孝子”“不打不成材”，这些已经流传了几千年。张先生就是这种错误思想的执行者，也是受害者。家长打孩子不仅是对肉体的暴行，也是对孩子精神的摧残，使孩子失去尊严、失去自信。这好比一株小树生出小杈，本来用手一掰就可以掰掉，有人却抡起斧子去砍。结果，小树伤了元气，以至于夭折。因此，当你忍不住要举起拳头时，请设身处地地揣摩一下孩子当时的心理，了解一下他的想法，让自己先冷静下来，然后，选择适当的时机，给孩子讲清道理，帮助他认识错误，树立自信。这样做一定会比“棍棒”教育的效果好。

请张先生和有类似教育方法的家长们认真读一读，并想一想下面这首“挨打歌”，它会给我们什么启示？

挨打歌

首次挨打战兢兢
两次挨打哭不停
十次挨打眉头紧
百次挨打骨头硬
千次挨打功夫到
不疼不痒不吭声
可怜天下父母心
恨铁怎能把钢成

四、榜样失光

模仿是儿童的天性，示范是最好的语言。这就是“身教”重于“言教”的道理。这种榜样的作用是无形的教育力量，是照亮儿童健康成长道路的光源。××在作文中这样描写自己的父亲：“我爸爸从来不骂我，可是有时候，他的行动比骂我更使我震撼。我爸爸不是英雄，可是他在我心里的形象非常高大，因为他总是用行动来告诉我应该怎样做人。”

孩子降生后，首先接触到的是家庭，第一个模仿的对象是父母。因此，父母的形象如何直接影响到孩子的身心健康。许多事实说明，孩子的品德不良，有许多往往是由父母所引起的：父母自私自利，子女爱占小便宜；父母搞特权，子女娇惯；父母行为不轨，子女也会走邪路。小群就是在父母的影响下走上犯罪的道路。

采购员之子的悲剧

小群的父亲是某单位的司机兼采购员，借工作之便没少把公家的东西往家里搬，有时偷偷摸摸，有时明目张胆。小群若是在家，只要听到门口的汽车喇叭响，便夺门而出，在父亲的示意下，忙不迭地把车上的东西往家扛，什么大米、香油、水果、海鲜，应有尽有，就连单位发给职工的慰问品，也少不了多留一份。他们家简直像天天过春节办“年货”。

小群从小就这样在父亲的“熏陶”下渐渐染上了占便宜、说瞎话、偷东西甚至打架斗殴的恶习。

上初中后，他依然恶习难改。前不久，班里连续发生丢钱之事，小群被同学列为怀疑对象。因为这几次丢钱都是发生在课间操的时间，而恰在此时小群总是谎称生病而留在教室里。当班主任问起此事时，他却矢口否认，并振振有词地说：“我爸是汽车司机，我妈是外科医生，我们家条件好不缺钱花，老师可不能冤枉好人，一定要帮我查清楚……”说着还掉下了几滴眼泪。

事隔一个月，小群因偷邻居晾晒的衣服卖给外地民工被抓住送至派出所。在公安人员的审问下，他终于承认在班里偷钱的事。可是被学校老师从派出所领回后，他除了轻描淡写地承认错误外，并无悔改之意。

然而，家长并未就此事进行教育，任凭这个孩子在通往罪恶的路上愈演愈烈。一个盛夏的夜晚，小群撬开了邻居张大娘的房门，盗走了其家中的现金和首饰。正当他要逃离现场时，被张大娘发现。在张大娘与他争斗时，他竟然举起菜刀，凶狠地向张大娘砍去，之后被公安局捉拿归案，等待他的将是无情的审判。

小群——一个本来风华正茂的少年，为什么会走上犯罪的道路呢？原因是多方面的。但是，他在拘留所里交代的材料中说出了根本的原因所在。

“在我很小的时候，就开始拿别人的东西，小到铅笔、橡皮、卡通画报，大到钱、衣服、首饰。为此，老师多次找过家长，我也曾经挨过打。爸爸曾说不许偷别人的东西，但是，我目睹了他一次又一次把公家的东西拿回家。爸爸可以随便把本不属于自己的东西归为己有，而且每次都让我帮着拿，这和偷有什么两样？现在，我恨我父亲，是他的所作所为影响了我，是他把我领到了犯罪的路上……”

不知小群的父亲听了孩子的一番话会做何感想？

父母在思想、品德、学习、生活、习惯、情感、性格、人际关系等诸方面都要为孩子树立良好的榜样，照亮孩子成长的道路。为了让父母的榜样永远发光，而不失光，做父母的应严于律己，经常净化自己的言语和行为。

净化思想：做父母的要克制私欲，不要宣传“金钱万能”“利益至上”“读书无用”等错误观点，不利于孩子思想健康。

净化精神：做父母的要正确对待他人、工作和社会现象。尤其是不要当着孩子的面发牢骚、泄私愤，要培养孩子乐观向上的情绪。

净化行为：父母要堂堂正正做人，不贪私欲，不要见利忘义，更不能有偷摸等不良行为，以免使自己的孩子走上邪路。

净化习惯：父母良好的行为习惯是孩子的一面镜子。父母勤奋好学、肯于钻研、勤劳善良、诚实守信，对孩子而言是一本无言的教科书。如果父母好吃懒做，整日抽烟喝酒，搓麻赌博，甚至打架斗殴，孩子则“上行下效”。

净化语言：语言是人与人之间相互沟通交流情感的工具。中国是礼仪之邦，语言美也是社会文明的象征。做父母的要做到语言美，以善待人，不要张口骂人，满嘴脏话。

净化夫妻关系：父母要和睦相处，互帮互敬，不要为一件小事就争吵不休。夫妻间非争辩不可的问题，不要当着孩子的面，这有利于维护父母在孩子心目中的形象。

让父母的良好形象在孩子的心目中永远发光，而一刻也不失光。

五、家庭失暖

孩子来到这个世界，首先生活在家庭这个小环境里，第一个接触到的就是父母。所以人们常说“家庭是孩子的第一所学校，父母是孩子的第一任老师”。孩子在家庭受到父母无微不至的关怀，在真诚的父爱和母爱下健康成长，应该说，父母和家庭是孩子健康成长的基石。如果这个“基石”被动摇，孩子就会失去家庭的温暖和父母的爱，从而有可能走上不归之路。

假如我有一个温暖的家

小丁——一个漂亮的15岁初中女孩。小时候，她有疼爱自己的父母，有一个温暖的家，过着无忧无虑的幸福生活。然而，天有不测风云，就在小丁读小学四年级的时候，她父母离婚了。她曾跟随妈妈生活了三年,随后妈妈又组成了新的家庭。起初继父对她还不错，不仅给她零花钱，还主动参加她的家长会，一家三口还算和睦。但好景不长，当家中有了个小弟弟后，继父便改变了对她的态度，小丁做事稍不留意，继父便非打即骂，从此家中矛盾不断，就连妈妈也无法保护她。

无奈之下，小丁找到了自己的生父。此时父亲也组成了新家。当她第一次跨进父亲新家门的时候，继母表现出极大的不欢迎，说话时爱答不理，吃饭时白眼相看，还不停地甩闲语。为了维护这个家庭，父亲只能视而不见。小丁装作没听见，只顾低头吃饭，当晚住在父亲家的客厅里。深夜，一阵争吵声把小丁惊醒，原来，继母逼着父亲把小丁轰走。小丁感到就连自己的父亲也容不下自己，无论在哪个家里也没有立足之地，简直成了一个多余的人。

从此，小丁整个初三阶段就是这样辗转于两个不受欢迎的家庭中。在学校，她怕同学看不起自己，在同学和老师面前强作欢颜，可是人在教室，心在家中，根本无法集中精力学习，所以成绩一天天下降；又由于虚荣心膨胀，平时刻意打扮自己，没有好衣服就借别人穿，没有钱花就借同学的或偷家里的；生活中没有乐趣。就乱交男朋友，骗钱花，买衣服穿。但是，这也不是长久之计，于是她和几个男孩子策划了一个更大的骗局——“贩枪”。

原来，小丁和她周围的几个男孩子听说有人想买枪，就设计了一个骗局，声称他们手里有枪（其实是一支玩具枪），骗来买枪人，然后再让另几个同伙装成半路杀出的抢劫者，趁他们交货之际，抢走钱和“枪”。

一天，几个中学生乘出租车来到南城一片小树林里，焦急地等待着“取货”人的到来。时过不久，一个中年男子手提黑色皮箱出现在“卖枪人”的面前。正当双方讨价还价时，突然从背后蹿出几个小伙子，抢走了皮箱和“枪”之后逃之夭夭。他们自认为设计得天衣无缝，但骗局终究没有逃过公安人员的眼睛。没过几天，案子告破，小丁等一伙被押进了拘留所。

当小丁在拘留所见到前来探望的亲生父母时，她早已哭成个泪人儿，厉声责问父母：“假如你们不离婚，我也会有个温暖的家，怎么也不会走到今天这一步……”面对女儿的怨恨，做父母的无言以对。

父母离异后孩子必须亲自抚养。在现实生活中，有不少离异父母，为了组成新的家庭，把孩子当成皮球踢来踢去，谁也不愿接受。也有的推给祖父母抚养，或交给他人代管。这样孩子非但失去温暖的家，更失去父爱和母爱，等于在孩子流血的伤口上又撒了一把盐。当孩子想寻求温暖的时候，会“饥不择食”，很容易和坏孩子混在一起走上邪路，或者被坏人利用，其后果不堪设想。

离异后的父母应主动关心孩子。孩子本是父母的亲生骨肉，父母虽然离异，但仍有义务关心和教育孩子，孩子也有权利探望父母的任何一方。即使组成新的家庭，继父母也不能对孩子加以限制，因为继父母也是“父”和“母”，同样有义务教育养子和养女，这是受法律保护的。任何抛弃和虐待子女的行为，都是违法犯罪。

研究资料表明，由于某些青少年得不到继父母的关心和爱护，甚至受到虐待，从而滑向犯罪的深渊。正如小丁那样，假如她有个温暖的家，假如继父母能够善待她，孩子定会像小树一样茁壮成长。

六、钱的失控

斯麦尔兹指出：“构成罪恶根源的东西，并非金钱，而是对金钱的爱。”有些家庭因为比较富裕，或因为是独生子女比较溺爱。因此在孩子用钱上放得很宽松，可以说是有求必应，百依百顺。孩子一旦欲望没能得到满足，就风向逆转，走向歧途——犯罪。

都是金钱惹的祸

江宁从小生活在一个富裕的家庭，父母都经商，经济效益也很好。由于是独生子女，父母对他很宠爱，所以，也能充分满足他对钱的需要。他要钱父母从不拒绝，要 10 元不给 5 元，一般都多给，从不问干什么用，而且可以随便拿家里的钱花，父母也不管。按江宁的话说："家里到处放着钱，枕头底下压着，书里夹着，抽屉里放着，我随便拿随便花……"他的身上经常带着近百元的钱，花起来也很大方。小学六年级时他过生日，请同学聚餐就花了 1200 多元。平时中午名义上交钱在学校吃营养餐，实际上很少吃，经常到校外吃饭馆，他是"麦当劳""肯德基"的常客。可以说，这个家庭培养了江宁对金钱的特殊情感，"身上没有钱觉得心里很不自在，很不踏实"。

在江宁读初三时，父亲的经商受到了严重的挫折，欠了不少外债，家庭经济跌到了低谷，枕头底下、书里、抽屉里再也看不到钱了。江宁的花钱自然也受到了很大限制。他无法适应家庭的这个变化，没有了钱，开始向同学借钱花，后又劫小同学的钱花，这也满足不了他早已膨胀的对钱的欲望。

有一天，他到同学家时，看见抽屉里有钱，趁同学上厕所时从中抽了 200 元，从此走上偷盗之路。他偷家里和邻居的钱，偷同学和老师的钱，偷居民晾晒的衣服和自行车卖钱……

深秋的一天，江宁居住的对面楼一家被盗，盗走现金 8000 元，但门锁和窗户都没有破坏，公安人员判定是熟人作案。三天后江宁被传到了派出所。他很快承认，是他作的案。原来他认识被盗户主的孩子，经常在院里玩。江宁见有一串钥匙挂在这个小孩子的自行车上，就起了歹心。一天他借口骑这家孩子的自行车出去买东西，乘机配了他家门锁钥匙……

家长应如何对待孩子用钱呢？

树立正确的金钱观。做父母的应教育孩子辩证地认识钱的作用：一方面，不能简单地认定钱是万恶之源，藐视金钱，贬低金钱，安贫乐道，无所作为；另一方面，在肯定金钱作用的同时，要明确反对“一切向钱看”，克服“金钱至上”“金钱万能”的观点。让孩子懂得：金钱是人生存的条件，而不是人生的全部；金钱的作用是有限的，而不是无限的；人要驾驭金钱，而不要被金钱所驾驭。金钱成为一个人的崇拜物，它会像魔鬼一样折磨你。

节制花钱。家庭的生活条件比较富裕，父母就无限制地满足孩子对金钱的欲望或需求，结果造成挥霍浪费，形成错误的价值观，形成贪婪的心理，一味追求金钱和享受。马卡连柯指出：“最可怕的是用父母的幸福来栽培孩子的幸福。”家庭再富裕，也要节制孩子花钱，节制的界限就看在孩子的生活上、学习上、身心健康成长等方面是否有必要给花钱，并向孩子讲明其中的原因和道理。

培养勤俭习惯。青少年不论家庭经济条件如何，都存在攀比心理。小学生比书包、比文具盒，中学生比穿着、比花钱。这是一种错误的，有害而无益的攀比。应教育孩子珍惜父母的劳动，勤俭生活，引导他比身体健康，比心理健康，比品德高尚，比学习优秀。

管好家中钱。不管家庭经济条件如何，都要管好钱，绝不能像江宁的父母那样钱到处都放，孩子随便拿去花。不给孩子创造随便花钱的条件，否则会花钱无度，走上歧途。

七、亲情失落

闲暇时我喜欢阅读报刊，然而，那一则则骇人听闻的消息实在令人震撼。《错落的悲剧》《16 岁女孩斧劈爷爷》《17 岁少年砍死奶奶》《12 岁女孩找人打爹》……一桩桩，一件件，读来毛骨悚然。而那双伸向亲人的毒手，并非成年妇女，更非壮汉，竟然是那未成年的花季少年。十几岁的孩子，他们对父母、对长辈本来有着深深的依恋，有的还会跟长辈撒撒娇、逗逗笑，可是，这些孩子，为什么与亲人反目成仇，成为不可饶恕的罪人？他们的人生坐标为什么被扭曲？这一切不能不引起我们的思考。

分析犯罪少年的心理，追寻家庭教育的根源，一般经历了“娇惯溺爱—自我中心；简单粗暴—仇恨报复；无奈自流—难以控制”的过程。

娇惯溺爱

——奶奶丧命孙儿刀下

由于父母望子成龙心切，往往在教育上失去理智，百般溺爱。只要孩子按照父母绘制的蓝图运转，孩子说什么是什么，要什么给什么，这样的孩子就逐渐形成了以“我”为中心，甚至变得横行霸道，不可一世，一旦长辈没有满足他们的“要求”，他们就会翻脸不认人——甚至是自己的亲人。

17 岁的少年吴治沉迷于电脑游戏，无法自拔。案发前半个月，他从父亲那里偷了 2000 多元在网吧待了 23 天。案发前几天，吴治又偷了 200 多元钱。每次从父亲家偷钱之后，吴治都不敢回家，而是去奶奶家住。案发当天傍晚看电视的时候，吴治又想去玩游戏，向奶奶要钱，奶奶没有答应。吴治突然想起父亲经常会把存款交给爷爷奶奶，算起来该有三四千元了，想到这些钱能打一个月游戏，于是起了歹念。

晚 11 点多，趁爷爷奶奶都熟睡了，他用菜刀将爷爷奶奶砍伤。奶奶睡觉时很轻，容易醒，他想一定要把她砍晕，才可以顺利偷出钱同时又不被人发现，于是下了毒手。可是，他从浑身淌血的奶奶身上仅仅搜到两元钱，奶奶却在被送往医院的途中死亡。

虽说“爱”是父母的天职，但过分的爱，导致了孩子为所欲为，引来的是无尽的伤害。

简单粗暴

——纠集同学暴打父亲

望子成龙、望女成凤的父母，一旦孩子不能实现他们绘制的蓝图，便恨铁不成钢，失去教育理智，从一个极端走向另一个极端，用简单粗暴的方式对待孩子，轻则训斥，重则拳脚相加。这样致使孩子从忍耐服从走向对立和反抗。

12 岁的初二女生张明，读小学的时候很乖巧，但是自从读初一时父母离婚后，就像变成了另外一个人。平时她爸爸几乎把心思都用在了工作上，没有精力照顾她的学业。而张明每天和一些不良少年混在一起,有时候几天都不回家。很多时候，爸爸为了不让张明落下功课，咬紧牙关每月花 500 元给她请家教。父亲让女儿读书本是为了她好，可是方法不当，放学后不让张明出家门，学习不好就动手打。因为惧怕爸爸威逼自己读书，张明写下了“父女关系断绝书”。“断绝书”上写着：“今天没上课，父亲听了别人说本人不想读书……不分青红皂白把本人毒打一顿……从此断绝父女关系！”不仅如此，她竟然邀来七八个同学将老爸暴打一通，致使其腿部、手腕多处受伤。张明爸爸十分感伤地说：“闺女还小，我能原谅她的过激行为。按她对我的举动，我恨不得把她送进少年看守所。”

无奈自流

——花季少年斧劈爷爷

当“望子成龙”的梦想破灭，父母对孩子的教育便失去了自信，“招数”用尽却无济于事。因此，他们面对孩子的对立情绪束手无策，无能为力，于是一改往日父母的威严，索性放任自流。这样，反而助长了孩子的恶习，有的逃学、弃学，有的被学校开除。因此，他们流浪社会，游戏厅、录像厅、网吧成了他们的“自由世界”,当他们囊中“羞涩”时,便杀机顿起。

在吉林一农家曾发生一起悲剧：16 岁的花季少女将 58 岁的爷爷砍死在家里的炕上后逃跑。当公安人员将她抓捕后问及为什么对爷爷下此毒手，她轻描淡写地说：“我就是因为偷家里的钱上网，父母管不了，就把我送到了乡下爷爷家。这段时间，爷爷更是以这个丑事没完没了地数落我，我没想杀他，我就想让他闭嘴，别再说我。”

一天下午 3 时许，爷爷吕学中吃完饭后躺在炕上睡着了。秋秋看到熟睡的爷爷，想起在这一个多月的感受，心里特别生气。她拿起斧子站在炕上，狠下心用力地向爷爷的脑袋砍下去。当她砍完第一斧子时，她看到爷爷用力睁开眼睛并发出呻吟声。她想，要是爷爷醒来了，还会责骂她，于是举起斧子闭上眼睛击向爷爷的脑袋。当她睁开眼睛时，她看见爷爷的身上、头上、炕上都是血。她将斧子扔在炕上，静静地看着血泊中的爷爷长达十几分钟。她看见爷爷还在动，睁开眼睛看了她一眼又闭上了。

多么令人发指的举动，谁能相信这是一个花季少女的丑恶心灵！

少年将罪恶之手伸向亲人，造成血案的并非以上三例。请看一些媒体的报道：

《为讨百余元钱，孙子杀祖母》

《15 岁少年杀慈母祸首是游戏机》

《一向寡言少语的少年把刀刺向生身母亲》

《16 岁少年手刃生母》

《西宁学生不堪高考压力弑母》

……花季少年的毒手为何伸向亲人？他们本是天真无邪的少年，本是长辈心中的宝贝，然而，如今他们的行为法律难容。这是为什么？

随着年龄的增长，特别是上了中学以后，他们不像儿时那样顺从父母，乖巧听话，他们有自己的头脑，有自己的思维方式，尤其是有着强烈的自尊心。因此当他们犯了错误以后，或没有实现父母为其绘制的蓝图后，家长要冷静、理智地考虑教育方式——说服教育，以理服人。如果家长失去理智，采取强硬的手段加以制止、控制或体罚，必定会挫伤他们的自尊心，激起他们心理上的反抗或报复。这时父母和孩子之间的亲情关系就容易失落，孩子的情绪就很容易失控，就会做出令亲者痛的举动——把毒手伸向亲人！

古人云："子不教父之过。"但怎样教，怎样才能帮孩子走好人生之路，这不能不引起每个做父母的深思！

家庭环境是未成年人的犯罪的重要因素，请看调查。（见附二）青少年犯罪前有一定的征兆。（见附一）这应引起做父母的高度重视。

附一：不良青少年犯罪十大征兆　文/晋家

青少年犯罪也有一个发展过程。特别是初犯之前，总有一些明显的外部表现，也就是犯罪的征兆。如果当家长的能明察秋毫地及时进行帮助教育，就有可能防患于未然。青少年犯罪都有哪些前期征兆呢？

1. 对学习不感兴趣，学习成绩无缘无故地下滑，不按时完成老师布置的作业，考试时抄袭，对考试结果不以为然，留级也无所谓。

2. 对事物的兴趣开始变化，劳动懒散，上课思想不集中，而对武打、言情或低级庸俗甚至黄色录像、书刊和光盘甚感兴趣。

3. 经常迟到、早退、旷课，厌恶学校生活。这种孩子如果与校外不法分子或无业人员有了联系,就会越来越不愿意回家。

4. 心理方面有变化，如精神恍惚、情绪波动、举止反常、心神不定、东张西望。

5. 对教师和家长的关心帮助表示反感，甚至怀有敌意，恶语顶撞，有时给教育者出难题，看笑话。

6. 对遵守纪律、要求进步的学生进行讽刺、挖苦和打击，同情和包庇甚至效仿有劣迹或不法行为的人，把反社会的人格或行为当作“勇敢”的表现。

7. 原本养成的生活规律出现变化，如从早起变成睡懒觉，从注意卫生变成邋遢，不修边幅甚至肮脏，或一反常态地特别喜欢梳妆打扮。

8. 道德品质起了变化，如从诚实变得爱撒谎，爱说空话、大话、假话，从谦虚变成傲慢，从斯文变成野蛮、喜欢逞能，从文明礼貌变成口吐秽言、动作粗野或在家长、老师面前循规蹈矩，而背后却胡作非为。

9. 结交不三不四的人；或与校外的流失生和有前科的人结交；或拉帮结伙聚在一起甩扑克打麻将；或三五成群出入公共场所；或惹是生非，遇事便大打出手，唯恐天下不乱。

10. 过分追求物质享受，染上了一些成年人的不良行为习惯，如抽烟喝酒等。

（《情商·家教》2006）

附二：不良家庭环境——孩子犯罪的诱因 文/苏鹏

家庭环境对未成年人犯罪有什么影响呢？

前段时间，有关部门进行了“未成年犯家庭环境的调查研究”。

调查对象：少管所150名男性少年犯，年龄在14~20岁。对照组为同龄的120名中学生。

调查方法：采用家庭环境量表（FES）。

调查结果：少年犯组的家庭矛盾因素比例大于高于对照组，而在亲密度、独立性、成功性、文化性、娱乐性方面的因素比例明显低于对照组。

1. 家庭矛盾冲突对比

未成年犯家庭有剧烈冲突的占 51%，一般冲突的占 21%；中学生对照组家庭有剧烈冲突的占 11%，一般冲突占 19%。

旷日持久的家庭矛盾冲突，深深地刺激着孩子幼小的心灵，使仇恨报复情绪在孩子身上渐渐滋长。

少年犯小李从懂事那天开始，就三天两头地看到父亲酗酒、打骂母亲、砸桌椅板凳。

读初三时，偶然与同学发生了争吵，他居然用木棒把同学的两根肋骨打断。小李在其父亲的影响下，仇恨一切看不惯的人，报复他所憎恨的人，所以他要么不出事，一出事就出大事。

小韩 10 岁时父母闹离婚。父亲为了达到目的，把正派的母亲骂成“破鞋”“不正经的东西”。母亲被骂急了，也就恶毒地骂父亲是“流氓”“恶棍”。在他眼里，父母是一对永远不能和平共处的仇人。小韩最终也因失去家庭温暖和教育，参与了 20 多名少年之间的械斗。

无爱的家庭培养了冷酷的少年。

2. 家庭亲密度对比

未成年犯自感家庭关系相互承诺、帮助、支持的占 31%；中学生对照组自感家庭关系相互承诺、帮助、支持的占 76%。

家庭亲密是培养孩子爱的源泉，是让孩子学会友善待人的基础。而相反呢?

王竟 8 岁那年，父亲出国去荷兰继承祖父遗产。头两年，父亲每月都按时把钱寄回家，还不时有电话、书信来问候家庭情况。自从侨眷中传出父亲已在国外讨了小老婆，并生下小孩后，父亲对家庭经济上的供养也就停止了，转为由祖父出面，一次次来信，催母亲把王竟出国的手续办好，到国外去读书。

而对母亲的出国问题，竟然一个字也不提起。每当看到这些内容的书信，母亲内心就愤怒难平，常常自言自语地骂祖父和父亲“不是人,不会有好结果的……”之后,母亲经常向他灌输“你父亲在外国讨小老婆了，不管我们母子俩了，我们要死也死在一起，你一人出去要受后妈虐待的”等思想。时间一天天地过去了，父亲对家庭、对母亲的背叛，也使他的个性变得越来越冷酷、无情。为了弄点儿钱过个好年，他大白天公开抢两名打工妹身上的钱包及传呼机。

3. 独立性对比

未成年犯罪自感家庭控制、责难、放纵的占 60%，放手、鼓励的占 21%；中学生对照组自感家庭控制、责难、放纵的占 27%，放手、鼓励的占 51%。

独立性，是少年儿童正常人格形成的重要方面。未成年人犯罪中团伙犯罪要占 80%，在这个群体中，少年是非观念差，人身依附性强。一人干坏事，一群人跟着干。

张仪的母亲是 20 世纪 70 年代末的知青。他读职高时，母亲为了管住儿子，提前办了退休手续。但是，张仪最大的兴趣就是放学后，同一批同龄少年到处闲逛、惹是生非，跟着起哄、帮腔，后来发展到打架、抽烟、敲诈弱小同学。母亲甚至跪在他面前，求他再不能出去惹祸了，但不管用。他十分听命于他心目中崇拜的“哥们儿”，吃喝依赖于“哥们儿”，行动上依附于“哥们儿”。公安机关把他一年中敲诈小同学的次数汇总了一下，一共 26 次。虽然每次数额都不大，多的也就 10 元、20 元，但因为次数多，影响坏，法院还认定张仪有罪。

4. 成功性对比

未成年犯自感家庭能自立于社会、有成就、受人尊重的占

14%；中学生对照组自感家庭自立于社会、有成就、受人尊重的占 53%。

望子成龙心切，不断盲目加压，孩子在不堪重负下，有时会丧失理智，犯下大罪。

小马家境贫困，母亲一人在县城毛纺厂做工，带着小马一起生活。母亲对小马总是千叮咛万嘱咐："我们家穷，总希望你把书读好，有个出头之日。"从进初中开始，只要小马上街，母亲马上追出去，满街地喊叫，要把他找回来复习功课。同学们邀请他去下棋、踢球、看电影，他一概不能参加。每当有同学站在窗外喊小马名字时，母亲总会大声斥责，把同学赶跑。初一期中考试结束，小马的成绩在全班排 38 位，母亲用拖把狠狠地打了他一顿，由于用力过猛，把拖把把柄也打断了。初二期中考试，小马仍排在 35 位。开完家长会，母亲一把鼻涕一把眼泪骂他："你这个不争气的孩子，我们家没权、没势又没钱，你若读不好书，只有同我一样做'三班倒'的工人……"每次听着母亲的训斥，小马总感到有一股莫名的怒火往上涌，无法言表的烦躁、愤怒充满了全身。过了几天，母亲要上夜班，吃完饭又没完没了地数落了他一顿，然后上床睡觉去了。小马望着床上睡着的母亲，越看越畏惧，越看越愤怒。他忽然不由自主地跑到厨房，拿起那块厚厚的杂木砧板，朝着母亲的头部猛砸下去……母亲死了，小马也进了他该进的地方。

5. 家庭文化性的对比

未成年犯父母赌博的，城市为 25%，农村为 40%；中学生对照组为 15% 左右。

家庭文化氛围高雅还是庸俗，是孩子修养、仪表、风度、情感的催化剂。

方明的父亲是村里有名的“麻将高手”“赌博大王”，搓麻将总是通宵达旦，每次输赢进出都在万元以上。母亲则是赌坊老板娘。这样的家庭，使得方明在学校的成绩一塌糊涂。方明为了与社会上的闲杂人员争女朋友，竟然出钱雇用打手，把对方的一只眼睛打瞎，一条腿打断。

6. 娱乐性对比

未成年犯自感家庭放得开、无烦恼、能自娱自乐的占18%；中学生对照组自感家庭放得开、无烦恼、能自娱自乐的占38%。

家人同乐能增进交流，娱乐陶冶人的情趣，培养人的兴趣。缺乏娱乐的家庭，孩子感到沉闷压抑，一不留神，孩子就跑到不该去的地方找乐去了。

小马的父母从小对他管得很严。读书、练字、做作业，父母给他规定得死死的。他功课特别好，还写得一手清秀的钢笔字，但过分沉闷，怕与别人接触，不敢说话。进入初中后，学校离家比读小学时要远得多了，父母要管也不容易管到了，小马长期受压抑的心情，一下子变得轻松了。他就三天两头地泡在游戏机房。去久了，他认识了一帮同龄人。这时的他像完全变了个人，最后，竟参与团伙抢劫。

【点评】

“养不教，父之过。”家长是子女的第一任教师，家长自身的文化修养、道德水准和言行对子女品德的塑造、气质的形成、人格的完善极为重要。家长一定要品行端正，为子女做出表率，并要讲究教育方式，既不能百般溺爱，又不能简单粗暴，而要严宽得当，晓之以理，动之以情。（《情商·家教》2005年）

第七章

单亲家庭孩子的教育

单亲家庭主要是由于夫妻离异而造成的，也有夫妻一方亡故或犯罪造成的。本文指的是由于夫妻离异而造成的单亲家庭的孩子。

随着改革开放和现代化建设的发展，我国的社会变迁十分急剧，社会的价值观和人们的生活方式正在发生巨大的变化，出现许多新问题、新趋势。其中离异家庭子女的教育就是一个极为突出的问题。这已成为社会、学校、家庭所面临的实际而又亟待解决的问题。

一、在中小学，单亲学生有多少

近年来，伴随着离婚率的上升，单亲家庭也随之增多。单亲子女数量上的加大，已成为一个不容忽视的社会问题。单亲在校生有多少？占多大比例？这是个不确定的数字，因为单亲学生不愿如实讲出来，认为单亲是个很不光彩的事。

某校有单亲学生 263 人，占学生总数的 8.6%，有的班高达 15%；某校有单亲学生 126 人，占学生总数的 15.78%，有的班高达45.6%。

笔者组织部分教师对11所中小学生进行了单亲学生数量的调查，结果是这样的：

各校单亲学生所占比例（%）			
学校号	调查人数	单亲人数	单亲所占比例（%）
1	299	19	6.35
2	195	13	6.67
3	184	12	6.52
4	230	17	7.39
5	518	30	5.79
6	1101	72	6.54
7	585	22	3.76
8	174	11	6.32
9	540	27	5.00
10	417	28	6.71
11	518	26	5.02
合计	4761	277	5.82

在校学生中，单亲学生有多少，这是个很难调研清楚的数字，但无论是多少，都给学校的教育提出了新问题，也可以说给教师带来了教育的重点和难点。

二、单亲学生在学校的一般表现

关于单亲学生的日常表现，众说不一。为了比较准确地弄清这个问题，笔者等进行了《离异家庭学生心理和行为表现的研究》，对11所中小学的277名离异家庭学生做了多方面的研究，并取同等数量、同性别、同班的完整家庭学生对比，结果是这样的：

（一）品德表现

品德比较							
类别	好		中		差		差异检验
	人数	%	人数	%	人数	%	
离异	111	40	128	46	38	14	P<.01
完全	196	71	73	26	8	3	

（二）学习状况

学习态度比较							
类别	好		中		差		差异检验
	人数	%	人数	%	人数	%	
离异	82	30	116	42	79	28	P<.01
完全	176	64	83	30	18	6	

学习成绩比较							
类别	优		中		差		差异检验
	人数	%	人数	%	人数	%	
离异	47	17	107	39	123	44	P<.01
完全	123	44	111	40	43	16	

（三）纪律表现

纪律比较							
类别	好		中		差		差异检验
	人数	%	人数	%	人数	%	
离异	113	41	127	46	37	13	P<.01
完全	203	73	64	23	10	4	

（四）劳动态度

劳动态度比较							
类别	优		中		差		差异检验
	人数	%	人数	%	人数	%	
离异	123	45	128	46	26	9	P<.01
完全	179	65	83	30	15	5	

（五）人际关系

师生关系比较							
类别	优		中		差		差异检验
	人数	%	人数	%	人数	%	
离异	154	56	109	39	14	5	P<.01
完全	229	83	46	16	2	1	

同学关系比较							
类别	优		中		差		差异检验
	人数	%	人数	%	人数	%	
离异	91	33	133	48	53	19	P<.01
完全	190	69	75	27	12	4	

与父母关系比较							
类别	优		中		差		差异检验
	人数	%	人数	%	人数	%	
离异	117	42	119	43	41	15	P<.01
完全	231	83	44	16	2	1	

（六）情绪状态

情绪状态比较							
类别	优		中		差		差异检验
	人数	%	人数	%	人数	%	
离异	86	31	141	51	50	18	P<.01
完全	191	69	74	27	12	4	

以上数据说明了以下三个问题：

第一，从总体看，离异家庭学生与完整家庭的学生相比较，在品德、学习、纪律、劳动态度、人际关系和情绪等方面都存在明显差异，即完整家庭学生的表现优于离异家庭学生。

离异家庭学生存在的主要问题是：品德表现不诚实，有说谎、偷、骗、吸烟、喝酒、破坏公物等不良行为，不分是非，不服教育等；学习态度差，表现是上课不专心听讲，作业不能按时完成，经常抄作业，学习成绩差，纪律上经常迟到、早退和旷课，课堂上经常说话或搞小动作，影响同学的学习……

第二，从个体看，不是所有的离异家庭学生都表现不好，有相当一部分表现很好：

品德表现好的占40%。

纪律表现好的占41%。

劳动表现好的占45%。

师生关系好的占56%。

学习成绩好的占17%。

所以，对单亲家庭学生要具体分析，不能一概而论，总认为他们在学校表现都不好。

第三，离异家庭的学生相比之下，优和差的少，而中间状态的较多：

品德表现一般的占46%。

学习态度一般的占42%。

纪律表现一般的占46%。

劳动态度一般的占46%。

同学关系一般的占48%。

情绪状态一般的占51%。

这样的学生如果得到及时的、有针对性的教育，会向优的方面转化；如果得不到有效的教育，会向差的方面转化。

三、夫妻离异后的相互关系对孩子的影响

夫妻离婚后如何相处，相互关系的类型和水平直接关系到孩子的健康成长。夫妻离婚后的相互关系，一般有这样几种类型：

互助型。虽然离婚，但双方都相互信任，相互关心对方的生活、工作，有重要事愿听一听对方的意见，不成夫妻成朋友。对孩子实行联合监护，监护时间虽不相同，但双方都能承担照顾孩子的责任，逢节假日都要和孩子一块活动，一块吃饭，孩子感受到父母的爱。

合作型。夫妻离婚后，不相互关心和过问对方的工作、学习和生活，但在涉及孩子的问题上，总是尽量合作，经常用不同形式相互交流情况，讨论孩子的教育问题，在孩子过生日、开家长会时能聚在一起。在这里，夫妻关系和父母关系做不同

的处理，为孩子提供更好的成长条件的愿望压倒了在婚姻问题上的个人恩怨。虽然父母一方不在自己身边，但孩子同样感受他们的关心和爱。

矛盾型。夫妻离婚后，很少接触，一旦接触就爆发一场争执。一是为过去的恩怨，专挑对方身上的缺点和错误，以便危害、报复对方，我好不了，你也别想好！二是为孩子的抚养和教育问题争吵不休。这时父母的形象在孩子的心目中就可想而知了，开始面对父母的争吵孩子只知道哭，随着年龄的增长，开始变哭为怨恨，甚至是仇恨。

消失型。离婚后双方不再接触，其中一方消失，不知去向，既不承担孩子的抚养，也不负对孩子的教育责任，把孩子完全推给另一方，这就使孩子缺乏母爱或父爱。

四、重组家庭对孩子的影响

夫妻离婚后，不管男方或女方，一般都会常带着孩子重组家庭，这就会出现继父或继母的现实问题。继父继母如何对待配偶带来的孩子，这直接关系到孩子的健康成长。一般有四种情况或类型：

1. **关怀型**。继父或继母对配偶带来的孩子视为亲生的孩子，和自己亲生的孩子一样爱护、管理、教育。这样的家庭比较和睦，有一个良好的家庭心理气氛和教育环境，孩子首先会感到父母的爱和家庭的温暖，这就有利于孩子的健康成长。

2. **放任型**。做继父和继母的总觉得配偶带来的孩子不是自己亲生的，生活上能做到关心和爱护，但在教育管理上有顾虑，怕别人说三道四，怕配偶和孩子不理解，影响家庭关系。

这必然使其对孩子的一些不良行为和习惯睁只眼闭只眼，结果孩子不能受到良好的家庭教育，有的就有可能出现行为偏差。

3. **歧视型**。继父或继母只关心亲生孩子，而不关心配偶带来的孩子，在生活上对亲生孩子照料有加，而对配偶带来的孩子漠不关心。

张家两姐妹

1月的一天上午，天气特别寒冷，课间操，我随学生在操场跑步后刚回到办公室。班主任王老师带着一个女学生走进了我的办公室。

“校长，天气太冷，张敏穿得又少，让她在你办公室暖和一会儿。”只见这个学生穿着一身破旧衣服，裤子短得露出了脚腕，虽然穿着棉鞋，但已经很破了；没有帽子、围巾和手套。她的脸冻得通红，两只小手还有点红肿。

“坐在炉子边上暖暖，上课再回去。”我和王老师走出了办公室来到校园。同学们都在嬉闹着，玩得很高兴。王老师指着一个女学生说：“那个是张敏的妹妹张玲，她姐妹俩都在我的班。校长，您看，妹妹和姐姐比有什么不同处？”只见那女孩头戴棉线织的红帽子，围着花围巾，上身穿红棉袄，下身穿蓝棉裤，脚上穿着棉布鞋，手套挂在胸前，好像没有一丝寒冷的感觉。

“她们两个是一家的吗？”

“是啊，姐姐张敏，妹妹张玲。”

“她们两个在穿着上为什么有这么大的差别？妹妹好似公主，姐姐像叫花子。”

“因为不是一个母亲生的。”

“怎么回事？”

“张敏的父亲带着女儿与张玲的母亲带着女儿组成了现在的家庭。”

“噢，张敏的父亲应该多关心点女儿。”

“他无能，做不了老婆的主，所以就造成两个女儿的不同处境。”

……

当天学校决定提供一次性助学金，购过冬衣物，帮她度过寒冬。

几天后的一天课间，王老师把我叫到校园，指着玩得正欢的张敏和张玲说：

“校长，您看，妹妹原来的棉帽子、围巾、手套和棉鞋都出现在姐姐张敏的身上，而张玲却换了新的。这也太过分了，校长，咱们得管一管，补助是给张敏的，又不是给张玲的！”年轻的王老师很气愤。

我拍着王老师的肩膀劝说：“算了，清官难断家务事。你看，张敏穿的棉衣棉裤虽然有些不合身，但不挨冻了。”

“肯定是她后妈的旧衣服改的！”

“不管怎么说，张敏能过冬了，这也尽到了你班主任的责任。”

“这太便宜他们了。”王老师还是心中不平。看着张家两姐妹，我心中升起一股说不出的滋味……

4. **虐待型**。继父或继母对配偶带来的孩子，不但不关心和爱护，相反视为眼中钉，经常打骂、训斥，也不给吃饱、穿暖，目的在于将其挤走。这使孩子心灵受到很大伤害。

同样的遭遇

……小慧今年读小学四年级,两年前随父亲来到了这个家。一开始继母就对她另眼相看，想方设法整治她。继母把一天用过的餐具都留在晚上由小慧洗刷，只要有一个碗、一根筷子、一个碟子继母认为没有洗刷干净就把家里所有的餐具都拿出来让小慧反复洗刷，直到继母认为洗干净了才罢休。因为这，小慧经常干活到深夜。小慧生来胆子很小，最害怕黑暗，继母了解这一点后，每晚深夜让她去关院大门……

……自从有了小妹妹后，继父对小明一反常态，把他从屋里赶了出来，小门厅里一张破木板就是他的床，夏天闷热蚊虫咬，冬天寒冷睡不着；吃饭也受到限制，特别是晚上不让妈妈多做饭,更不准给小明留饭菜。小明放学回来,赶上就能吃点儿,赶不上就吃剩菜剩饭，或没有饭吃，所以经常吃不饱。为这母亲没少和继父吵架，但没有用。现在是初一的小明，为了不饿肚子，开始自己想办法，休息日乘继父不在家做一锅米饭放在自己床下，没有饭吃，肚子饿就挖一碗吃。因为这他也没有少闹肚子……初二时他实在忍受不了继父的虐待就离家出走了。

……类似的事时有发生，请看附三中周星的遭遇。

五、单亲家庭学生的一般心理特点

1. **自卑心理。**有自卑心理或有自卑感的学生总认为自己在某方面不如别人，甚至感到在各方面都比别人差。这是由于对自己的评价过低而产生的一种消极的情绪体验或消极的情绪状态，表现出做事畏缩胆怯、孤独寡言等。

2. **怀旧心理**。单亲家庭的学生，难以忘怀旧家庭成员相处的时光、友谊、亲情。在新家庭成员相处的过程中即使很和睦也难以冲淡原来家庭中所形成的情亲定式，特别是遇到由于家庭而引发的不愉快的事时更是如此。

3. **逆反心理**。由于家庭变故，亲情关系发生了变化，先前的情境、环境时刻在起作用，削弱了对新的情境、环境的接受，故容易产生逆反心理，不加分析地反抗或抵制对方的言行，使交往难以健康进行。

4. **敌视心理**。表现为仇视他人，厌恶他人，认为你看不起我，我还看不起你，甚至认为人与人之间无信任和善良可言，由此往往产生攻击行为和报复行为。

5. **封闭心理**。在生活和交往过程中，常常把父母的离异作为参考，而去评价人和事，从而不轻易相信人，也不轻易表白自己的内心世界，把自己的真情实感和欲望掩盖起来，过分自我克制，使交往无法深入进行。

6. **自恋心理**。表现为过分的自我关心、自我欣赏，觉得自己不比别人差，抱怨别人不重视他。

这些心理表现，完整家庭的学生也不同程度地存在，但程度不同，引起的原因不同，表现形式也不一样：在一项“对家庭生活的感受”调查中，在高中认为家庭生活感受良好的完整家庭学生占 92%，而单亲家庭学生仅为 8%。

同样是逆反心理，面对继父母和面对亲生父母也是不同的。如果继父母和亲生父母的教育要求都是正确的，对前者容易产生逆反心理，对后者不容易产生逆反心理。因为对前者往往从内心会产生抵触情绪，把一切都归结为“反正我不是你亲生的”“不怀好意”……这种情绪很难消除；对后者即使产生逆反心理，也不会归结为情感原因，同时维持时间也不会长。

单亲家庭的学生，在所具有的心理特征的支配下，其行为也表现出一些倾向。据一项调查研究显示，高中的单亲家庭学生行为表现可大致归纳为四类：

1. **忧郁类。**多数单亲家庭学生与重组家庭成员无法沟通的学生属于这一类型。由于自卑，感到抬不起头，喜欢独处，少言寡语，胆小怕事，不愿意与同学多交往，整天生活在一个孤独的城堡里。

2. **散漫类。**处于无教育和监管能力家庭的单亲家庭学生容易表现为这一类型。行为表现无组织、无纪律，想干什么就干什么，我行我素。他们自己能力差，经常迟到、早退、旷课，也爱说谎，对老师的批评教育往往是不予理睬，或者就是阳奉阴违。

3. **多疑类。**为数不少的单亲家庭学生和重组家庭的学生属于这一类型。由于多疑，对任何事物都持怀疑态度，逆反心理严重。表现为情绪不稳定，喜怒无常，常为一些小事与同学争吵，个别的甚至大打出手，对老师的批评麻木不仁。

4. **霸道类。**由祖辈哺养，或溺爱，或缺乏监管、教育能力，择友不良沾染社会不良习气的单亲家庭学生容易属于这一类型。由于缺少正确的家庭管教，从小养成骄横的习气，事事处理以我为中心，心中没有父母、老师、同学，只有自己。

六、单亲家庭孩子的教育问题

（一）夫妻离异要慎之又慎

心理学家李·索克曾提醒年轻的父母，特别是那些将要离婚的父母：“对于孩子来说，父母离异带来的创伤仅次于死亡。”因此，夫妻离异时，不能只考虑两个人的情感，而要考虑到父母离异对孩子的伤害。要想到孩子离开父或母以后的生活、教育、成长和发展，万不可只图个人的痛快和幸福，而毁了孩子的一生。对离婚慎之又慎是对婚姻的正确态度。

（二）夫妻离异也要亲自抚养孩子

单亲家庭所处的家庭环境多样化：随父或母单独生活、在父或母的重组家庭中生活、同祖父母生活，有的甚至同叔叔或姑姑等人一起生活。但不管孩子同谁生活，只要做父母的抛开过去的个人恩怨，给孩子以爱，给孩子以温暖，单亲家庭的孩子同完整家庭的孩子一样会健康成长。例如，在重组家庭里，父或母要时刻关心孩子的生活、健康和受教育，绝不让孩子受到伤害；孩子由他人抚养的，除保证抚养费的准时提供外，节假日应父母共同去探望孩子，为其过生日，共同去郊游、参观……在共同的关心、爱护下使孩子健康成长。

在现实生活中，有的做父母的为了个人的自由和幸福而抛弃孩子，对孩子的死活不闻不问，而且心安理得。

9岁女童遭离异父母遗弃

——民警热心帮孩子找家

本报讯（记者 张岭 通讯员 徐伟）9 岁女孩彤彤被家人遗弃在房山某出租房内，在良乡派出所民警的协调下，彤彤的姑姑答应照顾她。8 月 17 日，民警专程赶到儿童福利中心，看到彤彤在姑姑的身边向大家挥手告别，心里的石头总算落了地。

彤彤的父母在一年前离婚，现在已经各自成立了新的家庭，彤彤由父亲抚养。今年 8 月 4 日，彤彤的父亲突然不辞而别，把 9 岁的彤彤自己留在了良乡的一间出租房内。独自生活了几天后，8 月 14 日，彤彤打电话到派出所报警求助。

14 日下午 2 点左右，民警从出租房将彤彤接回派出所后，开始多方查找彤彤父亲的下落。结果，彤彤的父亲一直联系不上，他的亲戚也称已经与彤彤父亲断绝了关系，不愿接纳彤彤。无奈，民警只能先将彤彤送回救助站，可由于彤彤的情况不符合救助的要求，救助站也无法收留她。忙了一圈下来，已经是深夜 11 点多。看着又困又累的彤彤，民警李立新主动要求把她带回家住了一晚。

第二天，经过派出所领导及民警的协调，彤彤被送往民政局下设机构儿童福利中心寄养。可是，年幼的彤彤从心理上排斥福利中心，说自己想家，要离开福利中心。由于彤彤的母亲一再表示不愿接回彤彤，经过副所长王亚楼的多方查找说服，终于说服彤彤的姑姑把她接回家。

彤彤被离异的父母完全遗弃了。也有的离异父母把孩子推给祖父母，不管孩子的生活、管理和教育，这是什么行为呢？同样是一种遗弃孩子的行为。因为这同样使孩子失去了父母的爱，缺少家庭的温暖，孩子从感情上恨自己的父母。有的说："我恨爸爸，也恨妈妈，他们过得舒服了，就不管我了，好像没我这个人一样，我真想杀了他们。"也有的说："我希望爸爸妈妈统统死掉，他们都不是好人。"

（《京华时报》2009 年 8 月 21 日）

（三）继父继母也是父和母

离异后，绝大多数要重组家庭，这就会出现继父和继母的角色。继父继母如何对待养子和养女，这关系到孩子的健康成长和发展。应该说，继父、继母也是父、也是母。他们有抚养和教育培养孩子的责任和义务。实际上，相当一部分继父继母做到了这一点，把养子女和亲生子女同等对待。王浩父母离异后随母来到了一个新的家庭。继父有一个和王浩同龄的男孩，继父对两个孩子一样对待，关心他们的生活，关心他们的学习，有成绩同样表扬，做错事，一样批评教育。王浩也很尊敬继父，哥儿俩关系也很好。所以，家庭很和睦，王浩在学校表现也很好，学习成绩优良，老师和同学都喜欢他。

但是，十个指头有长短，个别继父继母，只把亲生的孩子当宝贝，而对养子女另眼看待，对他们的抚养和教育不尽责，有的还虐待养子女，这大大伤害了孩子的身心健康。徐宁现在已经是初三的学生，但学习成绩很差，他安心坐在课堂学习的时间没有多少，经常迟到、早退和旷课，甚至离家出走。究其原因，其继母对他另眼相待，甚至虐待，经常吃不饱，穿不暖，目的就是逼走他。这样徐宁也就无心学习，成绩也就好不了……

（四）给继父母以公正的评价

夫妻离异是个社会问题，谁也扭转不了这个客观存在，这也就存在着重组家庭中的继父继母这个客观实际。我们应该看到继父继母对养子养女的态度多数是积极的，他们承担了对养子养女的抚养和教育责任。对养子养女另眼相看，甚至虐待的是极少数或者个别。这个少数和个别不是主流，也代表不了继父继母的形象。

但是，社会习惯不同程度地存在着偏见，总觉得“后妈没好人”，比如，孩子有了错，亲生父母训斥几句，甚至打两下，别人也不会说什么，认为应该，“子不教父之过”吗；可继父继母这样做就会引来许多非议，认为心太狠毒……这是很不公平的，这使继父继母难以做人，也难以做父做母。所以，社会，特别是亲生父母公正地对待和评价继父继母，要从实际出发，不要戴有色眼镜，不要存有偏见。宣传部门应多宣传继父继母的积极面，多“曝光”些他们和孩子和睦相处，承担抚养和教育中的先进事迹，用积极面克服消极面，也使继父继母们抬起头来走路。请大家读一读附一和二中的继父继母是如何对待养子女的。

（五）自强是单亲家庭学生健康成长的内因

有的学生因父母离异，处境欠佳，内心受到极大的创伤，但他能面对现实，接受老师的教育和同学的帮助，在生活和学习上严格要求自己，积极进取，从而在品德、学习和人际关系方面都有很好的表现。

自信永远使她向前

石梅，从小父母离异，连她自己也不知道什么时候父母离婚了。她从没见过爸爸的面，也不知道长得什么样。她从记事起就和姥姥生活在一起。母亲开始常来常往,后来就去向不明。她一直和改嫁过三次的姥姥生活在一起。上初中后姥姥去世了，从此她独自生活在一个小院中，经常还有社会上一些不三不四的小青年打她的主意。按老师的话讲："妈妈不三不四，姥姥三次嫁人，现独自生活，有一百个理由可以学坏，但她没有。"

石梅争气好强，自尊自信，诚实善良，通情达理，在学校各方面表现都优秀。现在上高二的她是班干部，共青团支部组织委员，学习成绩也优秀。按她自己的话说："我的信念就是永远朝着前进的方向走，经历过失败，才渴望得到成功；经历过艰苦，才渴望得到幸福，只要有坚强的意志，那我将永远是成功者。"这种自强、自信的精神使她在成功的路上向前，再向前……

（许明）

附件一："继母是我的慈母"

西汉时候，汉中有个叫程文矩的，不幸妻子去世，给他留下四个儿子。程文矩非常苦闷，自己公务在身，实在没工夫照顾孩子；想续娶一个妻子，又怕以后四个儿子受到虐待。他思来想去，左右为难。

不久,他的这个心事被人发觉了。有人主张再娶,并介绍说："李法的姐姐穆姜，人品好，手也巧。"于是程文矩娶了穆姜。

在程文矩当安众县令的时候，穆姜生下了第二个男孩。但是好景不长，程文矩不久也离开了人世。

从此，繁重的家务、教育六个孩子的重担都落到了穆姜的身上。穆姜虽是后妈，但她慈爱温和，对程文矩前妻的四个孩子非常关心，吃的、穿的、用的照顾得都很周到，比自己亲生的两个孩子还要好。可是这四个孩子总是对她怀有戒心，认为她这样做不过是假仁假义。加上旁人的挑拨，他们不但不感激后妈，反而渐渐憎恨起她来了。因为生活艰难，有时衣服穿得破旧一些，吃得差一点儿，他们就节外生枝，破口大骂起来。

日子一久，邻居们也对这四个孩子的行为看不惯了。有人劝穆姜说："这四个混账的东西，要他们干什么？你为什么不把他们轰出去呢？"穆姜回答说："我不能跟他们一般见识，还要讲道理，慢慢开导他们。"

有一次，前妻的大儿子程兴病了。起先，穆姜也没有在意，认为吃点药就会好的，不料几天以后，程兴的病情越来越严重了，有时竟不省人事。穆姜急得直掉眼泪，到处访求名医给程兴治病，亲自煎熬汤药，一勺一勺地喂他；程兴久卧不起，穆姜每天端屎倒尿，照料得十分周全，胜似亲生骨肉。在穆姜的精心护理下，程兴的病终于好了。

俗话说，人心都是肉长的，穆姜的所作所为，终于感动了程兴。他跪在穆姜的面前说："妈妈，我们以前太对不起您了，请原谅我们的无知吧。"并且对三个弟弟说："继母是真正的慈母。我们兄弟四人以前不知好歹，错怪了她，真是长了禽兽的心肝。"

兄弟四人深感愧恨，主动跑到掌管刑罚官员面前，陈述继母穆姜的功德，诉说自己的过错，心悦诚服地要求处罚。

后来这个事情报告到汉中太守那里，太守表彰了穆姜，同时下令免除了她家的徭役；对程兴等人也不给处罚，让他们改过自新。以后穆姜对他们要求更加严格，程兴等人也成了守规矩、明道理的人。

（《家教百例》宇航出版社 1989 年 12 月第一版）

附二：两位可敬的继父

人们都说继母难当，继父也难当。然而这里介绍的两位继父，却得到了孩子们由衷的尊敬和爱戴。

一位是张莹的继父。

张莹 4 岁时父亲去世了，家里剩下母亲一个带着四个未成年的孩子。几年以后母亲和继父结婚了。继父和四个孩子没有因为血缘关系造成隔阂和矛盾，尽管他们经济不富裕，家庭生活却很和谐，这主要归功于继父。

继父受过高等教育，做什么事都有心计，进入这个家庭之前，就计划了未来的生活，他要把全部感情倾注在孩子身上，所以不让母亲再生孩子。在生活上，他对孩子的关心胜过一般亲生父亲。张莹读高二时开始住校，冬天到了，父亲及时把毛衣、棉袄、厚被送到学校。夏天将至，父亲又把夏装和薄被送到宿舍。孩子病了，父亲陪去看病，送水送药；孩子吃不进饭，就买水果送到嘴边。父亲自己省吃俭用，但是孩子们学习上的需要，却尽力满足，各种参考书、课外书、资料堆满了书架。他决心把孩子培养成国家栋梁之材，做必要的投资。孩子们虽然还没有享受到彩电、冰箱之美，却拥有了大量书籍，尝到了遨游知识海洋之甜。

父亲非常重视辅导孩子学习。他经常了解孩子们学习的情况，做到心中有数，每天都和孩子们一起研究难题，翻阅参考书。哥哥姐姐上高中后，常常熬夜复习，父亲都是陪读，他比谁都睡得晚。他心疼孩子们，孩子们也爱他。现在张莹的哥哥姐姐都考上了大学，他和弟弟是高中生了。

在孩子成人的征途上，父亲也是良师益友。孩子对一些问题看法难免有片面性，他总是晓之以理，耐心说服……

还有一位可敬的继父，他就是乒乓球名将孙梅英同志的丈夫。

孙梅英的前夫姜永宁在“文革”中被迫害致死后，他——葛层云走进了这个家庭。他用水晶般的心，赢得了孙梅英两个女儿的尊重。孩子小,他嘱咐爱人为孩子多买些有营养的食品。他总是一手抱一个，还讲故事给她们听，说笑话逗他们乐。孩子大了，大女儿去云南打乒乓球，老葛三天两头去问情况。有一次他问:“孩子打球打得出来吗?”孙梅英知道孩子练晚了，便实话相告。老葛说:“那就赶紧回来考大学。”孩子回来以后，他业余最重要的事就是辅导，经常坚持到深夜，第二天 5 点就起来为女儿做早点。孩子考上清华大学后，他更关心了，愿她健康，望她进步。每周必须去学校一趟看闺女，往返几十里，花 5 个小时。他和女儿谈心，带上好菜让女儿吃，夏天还要用保温瓶装上冰激凌带去。女儿上了几年大学，他去学校一百多趟！亲生父亲做起来也难哪！难怪女儿常写文章夸赞父亲，他用行动换来了孩子的敬慕,为建立和睦幸福的家庭付出了心血。

看来，继父不难当，尽心尽力是真经。

（《家教百例》宇航出版社 1989 年 12 月第一版）

附三：是谁扭曲了他的童心 文/李笛

一次交通意外，浙江省绍兴市交警和绍兴人民医院医护人员救下10岁男孩——周星。经过6天抢救，小星醒了，可他却对关心他的人们讲述了不同版本的遭遇。被歹徒绑架，还是受后母虐待？孩子如此举动原因何在？周星不幸的真实生活解答了一切。

10岁孩子谎话多

绍兴交警在高速公路绍兴柯桥路段，发现了一个昏迷在公路上多处受伤、生命垂危的男孩。经绍兴市人民医院抢救，他从昏迷中醒来。这个孩子的情况引起了社会的关注。绍兴当地的媒体也就此事刊发了连续报道。经查孩子叫周星，10岁，是浙江省湖州市德清县上柏中心小学的学生。德清的学生怎么会在绍兴出事？周星对此有不同的解释。他最初向医生说，4月26日他正在上柏的街上玩耍。傍晚时，突然从一家小店跑出几个汉子，强迫他钻在编织袋内，然后他听到有汽车发动的声音，至于怎么被扔在绍兴的高速公路上就记不清了。

后来，周星又讲了不同的故事：事发前一天，“后妈”先用竹条猛抽他，后掐他的脖子，最后用很粗的棍子猛打他的头。父亲还给后妈帮忙，没有人听见撕心裂肺的求救声。不久，他就昏了过去。等他再醒来时，已经躺在了绍兴人民医院的病床上了。

不久，在警方对周星的父亲及后妈调查期间，医院里的一个陪护人员问周星：“你父亲与后妈被警察抓了，你高兴吗？”周星听到后笑着鼓起掌来。

2000年5月23日，就在周星康复出院那天，绍兴警方公布了侦查结果：原来4月25日晚上，周星没处睡觉，爬上了停在上柏街上的一辆货车的车厢里。为了不被别人发现，周星又找到了一个编织袋套在身上睡着了。半夜他醒来时，发现汽车已经行驶在途中。从没出过门的周星非常害怕，慢慢地爬到车尾，纵身跃下了飞驰的汽车，随后就昏了过去。

这一结果让所有的人都惊呆了。

孩子成了家人的累赘

绍兴的一位记者，在周星昏迷了6天后，根据他提供的一个手机号码，和周星的后妈通了电话。她在电话中说："周星以前经常出走。"得知周星从车上摔下来时，她很冷漠地说，自己是不会赶来绍兴看他的。"这孩子的脑子有问题，反正我们不会管的，随便你们怎么处理好了！"随后电话断了。

当晚，周星的父母多次打电话询问孩子摔伤的过程，尤其关心的是："医药费到底是由孩子的亲人支付，还是由绍兴的交警支付？"到晚上11点多，周星的父亲终于答应"先来绍兴看看"。

第二天，周星的父亲与后妈到了绍兴。医生问周星："你爸爸来看你了，高兴吗？"周星冷漠地回答："没有什么可高兴的。"

医院请来专门照看周星的阿姨说，孩子没裤子，也没鞋，她让孩子的父亲去买一套，没有被理会；孩子要吃香蕉，家人也不理睬。这位阿姨还说："孩子的后妈戴着金耳环、金手链，他们还上餐馆吃饭，却空着手来看他。天下哪有这样的父母？"更出人意料的是，当天下午，周星的父亲与后妈居然悄悄地回到了德清。笔者追问原因，周星的后妈称：“孩子已经患了后遗症，接回家来也是麻烦事。”

面对这样的父亲和后妈，周星的生活状态引起了笔者的关注。5月23日，笔者来到周星的家乡——德清县上柏村。

来到村里，笔者得知，在前一天，周星的父亲周金春刚刚被绍兴警方放回。周金春被“无罪释放”，当地村民对此的意见很大。大家都说：“为什么让这样的‘恶父’回家？”

村民反映，小星在家过的绝对不是人的日子，后妈经常毒打他，父亲要么袖手旁观，要么做帮手。村民看在眼里，但不敢出面干预，都说因为周金春的报复心理很强，每次发生邻里纠纷，他都恶狠狠地扬言：“以后要让你们好看！”

在出事前半月，周星的老师就发现他一连几天没有洗脸，每天都是睡意蒙眬，还在垃圾箱里捡方便面吃。老师去家访，一连跑了十多趟，家里都没人。终于有一天，付校长在街上遇见了周金春，问起孩子有多久没有回家睡觉。“十多天吧！”周金春满不在乎地回答。后来学校了解到，这一阵周星在外流浪，瞌睡了就睡在别人的屋檐下，或建筑工地的废墟里……

失去关爱孩子性格怪诞

周星1岁时，父母就离婚了。母亲改嫁到浙江嵊州，并且又生了孩子。

此后不久，周星的第一个后妈出现了。上柏村当时负责婚姻工作的干部说，她是广西人，但与周金春的关系也不好，婚后不久广西后妈就带着自己生下来的孩子走了。

一年前，现在的后妈来了，但她至今还没有与周金春办理婚姻手续，“妈妈”只是周星口头喊喊。

"母亲"换个不停，小星本应得到的父爱与母爱也大大地打折扣。后来他被送去奶奶家，尽管学习成绩不理想，但还是能够规规矩矩上学，完成作业。可到了二年级，疼爱他的奶奶去世了，从此小星的不幸生活真的到来了。他开始经常逃学，后来连吃饭都成了问题。

周星幼儿园老师说，这孩子心理素质差。据她回忆，有一次，小星的家人骂他，孩子没做任何争辩，而是悄悄地拿走了一根绳子准备悬梁自尽。为此，在周星升入上柏中心小学读书时，该校校长还向县教育局反映，是否可以不收这个学生？校长因此受到批评，后来学校特意给周星安排了一位教学经验丰富的班主任。校领导还一再向全校所有的教师强调：对周星的教育一定要注意方式方法。

但就是这样，意外还是不断发生。有一次，周星正在教室上课，其后妈突然站在教室门口怒喝："周星你给我出来！"还没等上课的老师反应过来，周星已从二楼教室的窗口一跃而下，瞬间没了踪影。这样的事又连续发生了几回。周星的性格给学校的教育带来了很大的困难。每次周星犯了错，老师都不敢批评他，怕他再跳楼、上吊。随着年龄的增长，周星的性格越来越怪。有天晚上睡觉前，家人发现周星前一天的小便仍然在痰盂中，便喝问他："不倒掉难道自己喝呀？！"谁知周星二话没说，拿起痰盂就把小便喝了下去。还有一次，周星的班主任竟从他的书包中找出一张淫秽光碟。据老师反映，在学校周星也显得早熟。他经常追逐女生，有时抱着女生，有时甚至把她们按在地上。他无疑成了同学眼中的"坏学生"。

今年4月，学校的几位领导开始商量，准备向县教育局反映，让周星停课，或者把他送到少年管教所。学校起草好报告，没想到还没送去，周星已经出事了。

问题孩子的问题怎样解决

上柏中心小学校长许国兴说，周星的问题是家庭环境造成的。“在家里没有饭吃，没有觉睡，还要经常挨家人毒打，还谈什么家庭的温暖？这种状态下的孩子很容易走上犯罪的道路。”

德清县教育局办公室的负责人说，德清县教育局针对周星这样有特殊遭遇的学生，每年都安排老师定期家访，还免去了他们的学杂费，希望他们不要因为生活的不幸而辍学。

许国兴校长还说，现在“问题孩子”面临的不仅是读书费用的问题，更主要的是心理问题。周星现在非常自卑、沮丧。如果这样的心理障碍不排除，金钱又有何用？

……

（《青海法制报》2002 年 7 月 15 日）

第八章

多关注孩子的心理健康

做父母的，一关心孩子的身体健康，怕孩子生病，怕孩子长不高，甚至孩子多咳嗽两声妈妈也心惊肉跳；二关心孩子的学习，孩子考分不理想，自己没多想，父母首先坐不住，着急，着急！再着急！！这在某种意义上讲无可非议，但孩子的心理健康往往被忽视。应该讲,孩子的心理健康同孩子的身体健康、学习同等重要。孩子的心理不健康同样会毁掉他的一生。

一、心理与健康

一个精神分裂孩子的心理路程

一个在普通中学毕业的男生——方亮,本来学习成绩一般,但其父母期望值高，所以，千方百计通过关系让孩子进入省重点高中读书。可是，方亮入学后学习成绩一直不佳，高一学年成绩在班里倒数第一。由于父母给孩子的学习压力过大，孩子形成了严重的心理障碍，后来到北京治病，住在叔叔家，就读在北京一所普通中学，边读书，边治病。

方亮初来校时，生活不能自理，每天上下学都得叔叔接送。

他在学校很少说话，心情显得很压抑，整天没有笑容，上课目光游散，精神恍惚，时常发呆，尤其对老师的提问很感惊恐，因而常常是低头不语，避而不答，不完成作业也成了“家常便饭”。因此,高二第一学期,他是全班考试成绩最差的学生之一。

面对这样一个学生，班主任老师并没有放弃他，而是给了他更多的爱。一方面向任课老师介绍方亮的情况，希望老师们多关照这个特殊的学生；另一方面自己经常与方亮接触，和他聊天，谈家常，使方亮有一种亲切感，并经常和他一起玩，还派品学兼优的同学多接近他、帮助他。方亮慢慢感受到同学的温暖，心理上稍稍放松了，精神上也不那么紧张了。

过了一段时间，方亮的情绪逐渐稳定了，而且不用叔叔再接送,而是自己骑自行车上学了。上课时,他的注意力开始集中，作业基本能完成，高二第二学期学习总成绩开始上升到中等水平，特别是数学和物理期末考试成绩已达到全班第八名。老师在班里表扬了他，他显得很高兴，紧锁的眉头舒展了，脸上出现了难得的笑容。

升入高三后，方亮的病基本痊愈，医生讲不用再服药，只要注意在学习上不要给他太大的压力。这样，方亮的学习活动基本恢复正常，不仅上课能认真听讲，还主动回答老师的提问，学习成绩大幅度提高。同时，他还能主动和同学交往，约同学去他家里玩，性格也开朗了许多，新年联欢会上一曲《浏阳河》博得了全班同学的热烈掌声……方亮在给父母的信中写道:“爸爸、妈妈：我在北京生活得很好，同学待我像亲兄弟，老师更是和蔼可亲，我愿意留在北京继续读完高中……”

接到孩子的信，方亮的父母并没有为孩子的变化而感动，而是执意接孩子回去在原校读书，准备参加高考。为了孩子的身心健康，王老师和校长建议：“让方亮继续在北京读书，因为方亮所以能病情好转，情绪稳定，学习成绩开始回升，除药物治疗外，学习和生活环境的适宜是至关重要的因素。为了孩子的一生，应把健康放在第一位，不仅有强健的体魄，更要有快乐的心情。至于孩子目前能不能参加高考，不必太勉强，要看孩子的具体情况而定。”但是，方亮的父母坚持认为，孩子必须参加高考，而且要考进名牌大学。北京的这所普通中学不利于孩子最后向大学冲刺，只有回到省重点，高考才有希望。

一天深夜，方亮急匆匆地敲开了王老师的家门，请求老师说服爸爸、妈妈不要带他回去。他深情地说：“王老师，我的欢乐在北京，在我叔叔家，而不是在父母身边；我的希望在北京这所带给我欢乐的中学，而不是那个省重点学校……”

孩子流泪了，老师流泪了，然而这一切都无济于事……

就在临近高考的前一个月，一天深夜两点多钟，王老师突然接到某城市打来的电话。对方怪声怪调地说：“王老师，我考上了北京大学了，你向我祝贺吧，总理都接见了我，我学习还获大奖了……哈哈……哈哈……”电话中方亮一片“胡言乱语”。事后，方亮的叔叔说，回到省城后。由于学习压力，方亮精神分裂了，孩子永远失去了欢乐。医生还告知，他将在医院度过一生。到此，方亮的父母后悔莫及。

（《情商·家教》2002年第四期）

作为少年儿童的家长，从方亮精神分裂的心理路程中，能吸取什么教训呢？我想至少应思考这样一个问题：什么是“健康”？

世界卫生组织对健康的定义是：“健康，不但是没有身体缺疾，而且要有完整的生理、心理状态和社会适应能力。”

世界卫生组织向全球公布，个人的健康和寿命40%取决于客观因素，其中15%在遗传，10%在社会因素，8%在医疗条件，7%在气候影响，而60%取决于你自己。

长寿学者胡夫兰克说:“一切对人不良的影响中，最能使人丧命的，要算是不良的情绪和恶劣的心境了。”

巴甫洛夫说:“一切顽固沉重的忧伤和焦虑足以给各种疾病大开方便之门。”

这些权威性论述，说明什么呢？只说明一个问题：健康，包括生理健康和心理健康。

我们不少做家长的片面地理解“健康”，认为健康主要指生理方面，从而忽视了心理素质的培养。他们不重视与孩子的心理交流和情感的沟通，更不去体验孩子的痛苦和欢乐，这样就很容易造成孩子的心理障碍。方亮的父母如果能与孩子多沟通，体验他在家、省重点中学的痛苦和在叔叔家、北京普通中学的欢乐，也尊重孩子的这个体验，悲剧也就不会发生了。

因此，家长要重视孩子的心理健康！

你的孩子心理健康吗？请用下面的测试题测一测就知道个大概了，虽说不能保证是绝对准确，但是有一定的参考价值。

1. 对下列各题做出“是”与“否”的回答。

	是	否
1. 每当考试或提问时，会紧张得出汗。	□	□
2. 看见不熟悉的人会手足无措。	□	□
3. 心里紧张时，头脑会不清醒。	□	□
4. 常因处境艰难而沮丧气馁。	□	□
5. 身体经常会发抖。	□	□

6. 会因突然的声音而跳起来，全身发抖。 □ □

7. 别人做错了事，自己也会感到不安。 □ □

8. 经常做噩梦。 □ □

9. 经常有恐怖的景象浮现在眼前。 □ □

10. 经常会发生胆怯和害怕。 □ □

11. 常常会突然间出汗。 □ □

12. 常常稍不如意就会怒气冲冲。 □ □

13. 当别人请求帮助时，会感到不耐烦。 □ □

14. 当别人批评时就会暴跳如雷。 □ □

15. 做任何事都松松垮垮，没有条理。 □ □

16. 你的脾气暴躁焦急。 □ □

17. 一点也不能宽容他人，甚至对自己的朋友也是这样。

□ □

18. 你被别人认为是好挑剔的人。 □ □

19. 你总是会被别人误解。 □ □

20. 常常犹豫不决，下不了决心。 □ □

21. 经常把别人交代的事搞错。 □ □

22. 会因不愉快的事缠身，一直忧忧郁郁，解脱不开。

□ □

23. 有些奇怪的念头老是浮现脑海，自己虽知其无聊，却无法摆脱。 □ □

24. 尽管四周的人在快乐地取闹，自己却孤独。

□ □

25. 常自言自语或独自发笑。 □ □

26. 总觉得父母或朋友对自己缺少爱。 □ □

27. 你的情绪极其不稳定，很善变。 □ □

28. 常有生不如死的想法或感觉。 □ □

29. 半夜里经常听到声音难以入睡。 □ □

30. 你是一个感情很容易冲动的人。 □ □

【评分规则】

每题回答“是”记1分，回答“否”记0分，各题得分相加，统计总分。

你的总分：

0~5分：可算一般正常的人。

6~15分：说明你的精神有些疲倦了，最好能合理安排学习，劳逸结合，让神经得到松弛。

16~30分；你的心理极其不健康，有必要请精神医生或心理治疗专家给以指导或诊治，相信你会很快从不安中走出来的。

（《家庭心理健康教育指导》开明出版社2003年10月）

二、中小学生心理健康的标准

人的心理是否健康是有科学标准的，不同年龄阶段标准的具体内容也有一些不同。中小学生心理健康的标准一般有以下几方面：

（一）智力正常

衡量智力水平高低的是智力商数，即智商，这在前面叙述过。所谓“智力正常”，就是智商在70以上，这样才能正常地生活，才能有效从事学习活动，实现中小学生的学习目标；智商在70以下，属于智力低下，即心理不健康。

智商的确定不能随意哪个人说了算，就是心理学专家说了也不算数，必须经过科学的测定，必须到政府认定的专门机构去测定。

（二）乐于学习

中小学生的活动，最主要的是从事学习活动，从中获得先进的文化科学知识，培养创造学习和生活的能力。一个心理健康的中小学生应该是：

有深厚的学习兴趣。

有良好的学习习惯。

有科学的学习方法。

有克服困难的意志。

争取较好的学习成绩。

任何逃学、厌学、抄作业、考试作弊等行为都是心理不健康的表现。

（三）善于与同学交往

心理健康的中小学生乐于和同学交往，也善于和同学交往，在课间，在上下学的路上，好同学一起谈学习，聊社会新闻，还对老师评头论足，因此心情愉快；在与同学交往中信任多于怀疑，关心和帮助多于嫉妒，尊重多于仇恨，所以有自己的知心朋友。

在交往中，“自我中心”和“不合群”等都是心理不健康的表现。

（四）情绪稳定

能经常保持愉快积极的情绪状态，平日里高兴、欢乐、喜悦多于焦虑、恐惧、愤怒。情绪长时间低落、消沉、反复无常，如学习取得好成绩或自己的需要得到满足时就心花怒放，手舞足蹈，这时说什么他能听进去，满心欢喜地接受；反之则一筹莫展或暴跳如雷，说什么都听不进去，这就是心理不健康的表现。

（五）有正确的自我意识

能正确认识自己，比较客观地评价自己，对自己的优点和长处能发扬光大，对自己的缺点或不足能努力改正和克服；只看到自己的优点和长处而经常自傲、只看见自己的缺点和不足而产生自卑都是心理不健康的表现。

（六）能面对现实

能正确对待自己生活和学习中遇到的问题和困难，用切实有效的方法去解决，即使遭受到较大的挫折也能挺得住，用适当的方式去解决，不逃避困难，经得起挫折。不能面对困难，受到点挫折就要垂头丧气，没有克服困难的勇气，这是心理不健康的表现。

根据中小学生心理健康的标准，请你诊断一下，升入高中示范校的宋玉是不是一个很健康的中学生？

宋玉是健康的中学生吗？

宋玉是父母的独生子，他聪明，学习也很努力，在小学和初中时，他的学习成绩一直在班里名列前茅，是老师和同学公认的优秀生。他为此很自豪，父母也以他为荣。

中考时，宋玉以体育特长生身份被市某示范高中录取，因为他长跑的成绩比较好，在市区中学生运动会上获奖。体育老师认为，宋玉的身体条件很好，很有培养前途……

升入高中后，宋玉在体育老师的指导下，加强长跑训练，其效果也很好。但是他的学习地位发生了变化，因为高中示范校是学习优秀生集中的地方，他不再是班里的学习排头兵，但也在前 10 名中。对此他接受不了，有很大的失落感，整天无精打采，不和同学来往，也不多说话，处于闷闷不乐之中。

就是这样，宋玉学习还是一直很努力，但特别关心分数和名次，考分高，名次在班里靠前就高兴，分数低，名次靠后就沮丧。经过一年的努力，他没有改变在班里学习上所处的地位。升入高二后，平时不多言多语的宋玉，有了新的变化，开始讽刺、挖苦比自己学习好的同学，在老师面前、同学中间总是讲别人的学习成绩不是真实的，特别是学习比他好的那些同学，只有自己的学习成绩才是最真实的。

高三时，学习越来越紧张，宋玉更加关心自己的考分和名次，每次考试后他心情烦躁，容易动怒，经常为一件不值得的小事与同学发生口角，闹得同学们都远离他而去。当发下试卷时，宋玉都不敢马上打开看一眼得多少分，经常手拿试卷站在那里发呆……

（许明）

你说：现在的宋玉心理健康吗？回答应该是否定的，因为他首先不能面对高中后在班里学习地位发生变化这个现实，为此情绪不稳定，容易冲动，同学关系也不好……类似的孩子需要进行很好的心理辅导、治疗。

三、中小学生常见的心理问题

孩子的心理问题也有一个从无到有、从小到大的发展过程，只要做父母的多观察不难发现。为了家长便于观察，提供下面十方面供参考：

1. **学习焦虑。**中小学生的基本活动是学习，由于学习任务重，或学习中遇到一定的困难，造成一定的心理压力，产生适度的焦虑这是很自然的，也是正常的心理反应。如果由于学习而引起心理上的过度不安、紧张，甚至恐惧，那就是一种心理不健康的表现。

2. **攻击行为。**孩子受到挫折时由于愤怒情绪表现出来的向一定对象攻击的行为。其主要表现是：情绪焦虑不安，暴怒发作，伤人毁东西，对父母蛮横无理，甚至动手打人，且不听劝阻。攻击行为多见于男孩，学龄前发生比较高，从小学到中学逐渐减少。

3. **对立破坏。**屡遭挫折引发不满时表现出来的一种反常心理——报复心理。当孩子对成人产生不信任感时，总认为周围的人都在轻视他，伤害他，因此极为不满，往往进行报复：

搞恶作剧，使他人很难堪。

把自己不好好学习作为对父母和老师的反抗。

对别人的指责不内疚，反而感到快意。

残害小动物，为自己开心。

4. **不良习惯。**由于情绪紧张，过度疲劳出现一些奇怪的动作，如咬手指头、衣角、红领巾；拨头发；眨眼、伸舌、伸脖、耸肩等，都是由心理原因造成的。

5. **退缩行为**。这是指少年儿童在没有特殊原因的情况下，表现出孤独、胆小，害怕退缩，不愿意与别人交往，更不愿到陌生的环境中去，宁愿一个人待在家里。

6. **依赖行为**。学前儿童依赖成人这是正常现象，而中小学生过分依赖父母或其他成人就是不正常现象，而是有心理问题的表现。依赖行为一种是任务性依赖，就是依靠成人完成自己能够独立完成的任务；另一种是情感性依赖，就是得到成人情感的支持。

7. **多动症**。孩子活动过多，在任何时间、地点、环境中，忙碌不停，但动作从来不很持久。在家里翻箱倒柜，这儿的东西搬那儿，那儿的东西搬这儿；在学校不能坚持安静地听一节课，注意力很不集中，课堂上爱插话，闲话很多，经常说与讲课无关的、不适当的话；在校外总是不安静在路上走，翻墙上树是常事；做事胆大，从不考虑后果……

8. **强迫行为**。自我控制意识过强,内心经常处于紧张状态，明知自己的想法和行为没有必要，不合理，不应该，却无法控制。其主要表现：强迫回忆，在脑海中反复回忆某歌曲的旋律或别人对他讲过的事；强迫怀疑，交考卷或作业后总觉得写错了，在上学的路上总怀疑没有锁好门，甚至跑回去查看；强迫性联想，从某种东西想到有可能发生后果，看到小刀会立即想到会割破手;强迫性思维，脑海中总是出现一些无意义的想法，为什么 1+1 等于 2，而不等于 3？强迫性动作，反复重复同一种动作……

9. **交往困难，不能与别人进行正常的往来，不善于交往，**

或不乐于交往。表现出自卑心理、害羞心理、恐惧心理、孤僻心理、敌视心理，等等。

10. **青春期心理。**少年进入青春期，生理上发生很大的变化，由此也会带来一些心理问题：生理变化带来的心理问题，对月经、遗精等产生恐惧心理；异性交往带来的心理问题，闹不清友情、爱情而苦恼；体型发育带来的心理问题，怕胖、个子矮、不漂亮……

……

以上只是给少年儿童的父母一些很不完全的提示，旨在引起家长们对孩子心理健康的重视。但要确定孩子是否有某方面的心理问题，必须由专门机构的测试才能确定。另外，孩子平时有异常表现也不要大惊小怪，要注意观察，是否经常有异常行为，同时不要把孩子某个年龄阶段的正常心理特征和行为表现误认为心理问题，如“爱动”是少年儿童的正常行为，不能说是“多动症”，只有“多动”超过一定的限度，并经过科学测定，才能确定是否有心理问题即“多动症”。

下面是笔者从现实生活中收集来的部分少年儿童行为实例，请根据前面的提示，判断他们是否有心理问题？是哪方面的心理问题？

A男，13岁，在某校读初中。他经常借故逃学，自己关在家里不出门。母亲问他为何不上学，他说上学受欺负，想去少林寺练功。每当催他上学时，他就拉稀肚子疼。起初母亲不相信，认为他装病，便跟孩子到卫生间观察，发现孩子果真拉稀，出冷汗。到几家医院检查，都查不出任何问题，最后来到心理咨询中心进行治疗。

B男，是独生子，是爸爸妈妈的心肝宝贝。儿子从生来就与父母同床，从未分开过，就这样一直到小学毕业。上中学了，B已经是大小伙子了，父母觉得这么大的孩子与父母同床不合适，B也同意。可是在自己的房里，他很难入睡，经常是深更半夜又回到父母床上，而且还必须抓住妈妈的手，这样很快就能入睡。为这B很难为情，也很苦恼，做父母的也不知如何是好。

C男，10岁……一天数学课后，数学老师回到办公室，后面跟着C。只听老师问："你为什么骂我？"这位女老师50多岁，脸色铁青。C毫不示弱厉声质问："你为什么说我抄别人的作业？"老师说："就算我说错了，你就该骂人吗？"C上前一步用手指着老师的鼻子大吼道："你杀了我吧！我看你是存心和我过不去！"办公室的老师们都震惊了……

D女，小学生，在班里受到老师和同学的长时间的不公正对待，其心理受到了很大的压抑。有一次上课，教室里突然传来一声尖叫，大家随声望去，只见一个女生的铅笔盒里有一条黏糊糊的大毛毛虫，正缓缓向外爬。接着，又有两个女生也在自己的铅笔盒里发现了大毛毛虫，吓得叫起来。教室里立刻乱了套，只有她静静地坐在自己的位子上，一本正经地看书，脸上毫无表情，心里却暗暗发笑：那正是我的杰作！

E女，读初中二年级。父母在学习上对她要求很严，标准也很高，目标是中考进示范高中。为实现目标，妈妈每晚陪读，需要什么资料爸爸不隔夜去找。但E因为脑子反应比较慢，没少挨妈妈的批评、训斥。慢慢地，E对父母产生了畏惧心理……这两天妈妈发现，自己亲自洗的苹果递给女儿时，她又拿到水龙头下反复冲洗，吃饭时又拿自己要用的筷子没完没了地冲洗……

四、品德问题和心理问题

孩子的异常行为有的是品德问题，有的是心理问题。是品德问题还是心理问题？要认真对待，不能简单地归结为品德问题或心理问题，否则是很有害的。

为了说明这个问题，我们以“说谎”为例进行分析。“说谎”是品德还是心理问题？不能一概而论，要具体问题具体分析。请读下面两例：

例一：“阿姨，王 × 今天有病没上学，班里收资料费，每人 20 元，班主任王老师让我来取。”王 × 的妈妈看着站在面前文静的 A 姑娘，没有任何犹豫就把钱交给了她，并表示感谢。

一周后，王 × 病愈上学向班主任索要资料时。王老师感到莫名其妙，班里从没收过资料费。经了解才知，是 A 说谎话骗取了王 × 的 20 元钱，吃了麦当劳。A 也如实承认。

“妈妈，周六学校组织我们去手拉手学校体验生活，每人交 80 元费用钱。”妈妈如数把钱交给了她。实际上学校只收了 30 元。A 用 20 元还给了王 ×，30 元吃了麦当劳、肯德基。

类似的事在 A 的身上多次发生。

例二：B 是初二女生。每当班主任请家长来校谈事或开家长会时，她总是很认真地说：“爸爸病重，在住院。”而且对住院的过程和病情讲述得非常细致。直至班主任和家长联系时才得知，B 在说谎，其父亲在几年前住过院，现在身体很好。但再询问 B 时，她仍然说父亲在住院，还再三强调她说的是实情，没有欺骗老师。

B学习基础比较差，需定期到老师家补课。可是她经常不去，对老师说父亲有病住院需要照顾，不能来补课。而对家长说，去老师家补课了。12月下旬的一天，已是下午6∶30了，还不见女儿回来，父亲打电话给老师才得知，女儿根本没有去补课。夫妻急忙下楼去找，发现女儿站在1楼门口发呆，问她时却说，补课刚回来。传达室大妈说：这姑娘在大院门口站了一个下午。

这样的事，经常发生，而且B会严肃、认真地说，她说的是实情，没有说谎。

A和B都是在说谎，谁是品德问题，谁是心理问题？应该肯定地说，A的说谎是品德问题。因为A在说谎前就有明确的目的，用说谎骗来的钱满足自己的物质需要。B看来也在说谎，但她事先没有明确的目的，说谎也满足不了她什么需要。实际上B不是在说谎，而是不能正确认识自己，也不能正确认识周围的环境。因此，她分不清过去发生的事和现在发生的事，也分不清想象中的事和现实中的事。

实践证明A是品德问题，由于她说谎骗人和其他不良行为屡教不改，而被送进了工读学校；B因为心理问题越来越严重，休学一年，进行了心理治疗。一年后恢复正常，又复课了，后经中考进入高中就读。

前文只是通过实例说明孩子的品德问题和心理问题的区别。下面我们从理论的根本上将二者区别开来。

品德，反映了一个人的道德面貌，是个人依据一定的道德规范采取道德方面的态度、言论和行为时，经常表现出来的一些比较稳定的倾向。中小学生的品德，就是社会道德规范在他们个人身上的反映，反映了他们的道德面貌。如爱祖国、爱劳动、勤奋学习、助人为乐、遵守纪律……中小学生品德出了问题，就是违背了社会道德规范对中小学生的要求。如说谎、厌学、不爱劳动、不遵守纪律、不尊敬师长、不孝敬父母……

心理，具体指人的认识过程、情感过程、意志过程和个性特征。这与品德的内容是完全不同的。中小学生的心理问题是指他在认识、情感、意志和个性方面发生了障碍，没有能力认识自己，没有能力适应周围的环境，自己感到困扰和痛苦，主观上很想摆脱困扰和痛苦，但又无能为力，如多动症、强迫症、抑郁症、学校恐惧症、不良行为习惯……

必须强调的是：品德问题与心理问题有严格的区别，所以解决的方法也是完全不同的，不能用解决品德问题的方法去解决心理问题，反之也一样，否则会适得其反。当然有时品德问题与心理问题在具体行为上难以区分，做父母的要慎重对待。

五、善待有心理问题的孩子

如果孩子产生了心理问题，做父母的应如何办？这也是值得重视和思考的问题。请读下面笔者亲自经历的几个实例，对你是否有启发？

未进大学拓新路

颖红是聪明的姑娘，从小听话，懂礼貌，学习努力，成绩优异，小学毕业后被保送到重点中学，在初中三年学习成绩一直优秀，毕业后以高分考入本校高中。从此，她学习更加刻苦努力，学习成绩在班里是前三名，全年级也排在前十名。按她的学习态度、学习成绩，考上大学是绝对有把握的。这是所有任课教师的共识。

从小学到高中，她凭着自己的聪明和用功没费多少劲就走过来了，自己也没有多想什么。虽然父母也经常说起考大学的事，但自己没往心里放。

升入高三后，情况就不一样了，考大学的“风声”越来越紧:各科老师讲本学科在高考中的重要性，各种练习有增无减，大小考试也不断进行；同学间也开始谈论报考什么学校、什么专业；在家中父母开始认真研究女儿报考的志愿，特别是母亲经常忠告她“成败在此一举”。

颖红开始感到“形势逼人”,如果考不上大学,对不起父母,对不起老师,所以加倍努力。她放弃一切业余活动和家务劳动。功夫不负有心人，高三第一学期，她的成绩在班里和全年级仍名列前茅。

寒假，除春节三天外，颖红一直在复习功课，准备高考。开学后她开始感到身体不像以前那样“听话”，经常感到难受，但还是在拼命学习，晚上 12 点前没有熄过灯，休息的唯一方法就是在屋里走一走，躺在床上静一静，双休日也没出过门，电视从来不看。一次全年级语文考试，她以 0.5 分之差排在班里第五名，结果是老师找、家长谈、查原因、找对策……颖红说:“从那一刻起，任何一次大小考试，只要谁比我高一分我都很紧张，好像大学在离我越来越远。我也知道。根据我的水平，考上大学不会有任何问题，但看到别人考分比我高，我就不由自主地紧张、害怕，甚至出冷汗……”

严重的事情终于发生了。高考前她病倒了,开始上吐下泻,后来又是低烧不退，还经常一个人坐在屋里发呆，手里拿着书，但可以看出她根本不是看书，而是在发呆。

看到女儿的精神状态，做父母的心里极为难受，经别人建议带女儿来到心理门诊部。听了家长的详细叙述和她的自我感受，心理医生诊断为：由于课业重，学习紧张，又得不到充分的休息，加上高考临近，心理压力超出了她的承受能力，引起了生理上的某些失调，故上吐下泻或低烧不退。建议：休学或退学参加合适的工作，万不可再继续学习，目前更不能参加高考，否则后果会更严重。

母亲自责，为了圆自己的大学梦，险些毁了女儿的一生，不能一错再错，便果断地接受了心理医生的建议，说服女儿退了学。在家休息一段时间后，她一切恢复正常，又显示出了她那天真、活泼、聪明的本来面貌。

半年后，颖红应聘在一家商业大厦做了一名售货员。她虽然未进大学之门，但由于聪明、能干、吃苦，三个月后转为正式合同工，第二年还光荣地被评为大厦的优秀售货员。

“乖儿”难圆大学梦

本书开头“引言”中“校园十佳”的悲剧中的B，本文开头“一个精神分裂孩子的心理路程”中的方亮。他俩共同的特点是，由于学习压力大，精神紧张，心理负担重，产生了心理问题，又没有得到父母的正确对待及及时治疗，最终住进了精神病医院。乖儿子永远难圆父母的大学梦。

在以上案例中的颖红和B以及方亮，他们的学习状态、学习成绩虽不同，颖红学习成绩优，B和方亮学习成绩差，但引起心理问题的原因是相同的——学习压力。由于做父母的对孩子心理问题所持的认识不同、态度不同，造成了孩子不同的人生结局。

事隔十年后，笔者见到了颖红的妈妈。她高兴地告诉我，颖红还在那个大厦工作，现在已经是文化用品销售部的经理；也已结婚成家，很快也要做妈妈了……也在一年前，笔者在开会时巧遇B和方亮当年的班主任，得知，这两个孩子再也没有走出精神病医院，“很好的一个孩子，让他父母的无知和固执给毁了”。

在现代社会，孩子产生一些心理问题也是难免的，这并不奇怪，关键是做父母的要科学对待这个问题，特别是要善待已经有心理问题的孩子。

多观察、多交流。中小学生逐步走进青春期，他们生理发展快，心理变化大。父母一方面要多观察孩子的言行变化；另一方面以平等的、孩子能接受的方式进行交流，及时发现和矫正孩子在生活、学习中产生的心理困扰，以防心理问题的形成和发展。

心理问题由专业人员诊断。孩子如果表现出一些异常言行，家长不要大惊小怪，因为这个年龄阶段产生一些异常行为是难免的。如学习遇到困难心理压力大，很苦恼，生理变化引起惊慌……一般的异常行为，只要父母和孩子朋友式地多沟通完全可以排除。如果孩子的异常言行比较严重，持续时间长，就要带孩子去专门机关，由专业心理工作者经过科学的测定来确定孩子是否有心理问题及程度。

心理问题要科学对待。如果孩子被诊断为某方面的心理问题也用不着惊慌，要根据心理医生的指导帮助、引导孩子排解。重要的是切断引起某心理问题的病源。如颖红和B、方亮的心理问题都是由学习引发的。颖红的父母没有再让她继续学习，病源切断了，她也就很快恢复了健康；而B和方亮的父母，在孩子因学习困难产生了心理问题时，还继续强化他的学习，没有切断病源，结果造成了悲剧的发生。

科学区分，分别对待。孩子的异常行为有多方面的表现：品德问题、纪律问题、过失行为、年龄特征、心理问题……不要把异常行为都归为心理问题，否则是有害的。

六、心理问题产生的原因及预防

造成少年儿童心理问题的原因是很复杂的，是多方面的，有家庭、社会、教育和主观等原因。在这里只谈造成孩子心理问题的家庭原因和预防。

（一）高期望给孩子带来严重的心理压力

做父母的“望子成龙”“望女成凤”，这是可以理解的，但要求往往脱离孩子的实际，或教育方法缺乏科学性，所以给孩子带来很大的心理压力，久而久之会成为心理问题。

他为什么尿裤子

乐乐，男，9岁。

乐乐从小天真活泼，聪明可爱，对人有礼貌，邻居都夸他是个懂事的好孩子。在幼儿园，他做事主动，反应敏捷，学知识快，园里老师都喜欢他，和小朋友的关系也很好。在大班时他是领操小队长。现在家里墙上还挂着许许多多小红花，那是他在幼儿园时得的，他特别喜欢幼儿园。

可是乐乐现在的情况不同了，从小学三年级开始，几乎每天放学回家裤子都是湿的。妈妈没有办法，每天在裤子里给他垫上厚厚的毛巾。同学们知道后，笑话他，骂他，放学路上经常成群地在他周围喊："尿裤子了！"他只有低着头，只想快点儿回家。

别人问他："上学好吗？"他会歪着嘴，梗着脖子喊："不好！我讨厌上学，老师和同学都不喜欢我。我是傻瓜，我有病，我又臭又脏……"每次测验后问他："你考多少分？"他会理直气壮地说："考了个大鸡蛋，全班数我最笨，别人都比我强……"继而发出一阵令人不寒而栗的奇怪的大笑。其实他的语文和算术每次测验都在90分以上，在班里学习也不是最差的学生。

为弄清儿子尿裤子的原因，妈妈曾带他去过多家医院检查，诊断的结果是相同的：生理发育正常，没有异样，智商也不低。经与教师交流，乐乐的妈妈才找到了原因。

原来，入学前，家长对乐乐寄予很大的期望，希望孩子将来顺利考进名牌大学。虽然家庭收入不高，但乐乐的父母还是四处托关系找门路，不惜高价进入一所当地有较高名气的小学。因此，家长经常告诫他："你是花了很多钱才上了这所好学校的，跟其他同学不同，如果你不好好学习，学习成绩不比别人好，就……"

为实现家长的高期望，妈妈严厉地管教他。每天晚上除完成教师布置的作业外，妈妈还另有作业，作业稍有差错轻则挨骂，重则挨巴掌。每天过多的作业使他头昏脑涨，做的题多，错误就会多，挨的巴掌也就越多，慢慢地在他幼小的心灵里产生一种无形的压力。

有一次，由于考试成绩不佳，老师把妈妈叫到学校。回家的路上乐乐哭了，面无表情地大声喊叫:“我活该、我笨、我傻、我该死……”从此，他由畏惧作业，发展到害怕上学，一到学校准尿裤子。

……

很明显乐乐尿裤子不是生理原因，而是心理因素，是由于父母的过高期望造成的，是不科学的教育方式所致。后来在心理医生的指导下，妈妈降低了对乐乐学习的要求。在家里妈妈不再给儿子增加作业，也不再无休止地训斥和甩巴掌，而是用鼓励的、夸奖的办法指导儿子学习……几个月过去了，乐乐没有打针吃药，也不再尿裤子了。

孩子的学习是一个家庭最重视的问题。父母对孩子取得好成绩的愿望无可厚非。但是，孩子学习成绩的好坏是受遗传、环境、教育和主观努力等多种因素综合制约的，我们不能片面地强调某一方面，而否认另一方面。所以，孩子学习过程中出现一些差距，这是正常现象。家长应从自己孩子的实际情况出发，认真全面地分析孩子的各个方面，正确认识孩子的长处和短处，选择合适的教育方式和方法，指导孩子扬长避短，使孩子成为一个有自身发展特点的人。

（二）家庭教育环境

孩子呱呱落地，就开始在家庭这个独特的小环境中成长和接受教育。因此，人们称家庭是孩子的第一所学校，这个“学校”的水平直接影响孩子各个方面的发展，同样影响到孩子的心理健康和水平。下面情况容易造成孩子的心理问题。

父母关系紧张。父母关系不和谐，经常争吵，甚至打架，使孩子得不到家庭应有的温暖，处于“情感饥饿”状态，心灵蒙受创伤；家庭气氛的冷漠，也给孩子一种不稳定的感觉，造成心理压力，使其长期处于不愉快的情绪中，惊恐、焦虑，失去安全感，严重的容易产生心理问题。

颖颖的变化

家长的言行对儿童的心理有潜移默化的影响，凡是在医院里看到颖颖的人，绝对不会想到她原来是个天资聪明、学习很好的小女孩，更想不到摧毁这棵勃勃向上细苗的是其父母的恩恩怨怨。几年前，颖颖的父母感情破裂，经常吵架，双方不稳定的恶劣情绪日复一日在家中弥漫。妈妈动不动就对她发脾气，爸爸粗暴冷漠。紧张的家庭气氛使她无所适从。期末考试结束了，颖颖高高兴兴举着优秀成绩册回家。刚到家门口，便听父母污言秽语的对骂，颖颖战战兢兢地推开门，只见满地饭菜。她贴墙站在一边，直到父母闹得筋疲力尽……冬天，太阳耐不住一天的寒冷，早早地躲了起来，颖颖回到冷冰冰的家里，父母各自寻找自己的安慰去了，她怕极了，多么希望爸爸妈妈回来。她蜷缩在一张小床上，脸上挂着结冰的泪度过这寒冷的夜晚。她渴望家庭的温暖，父母的爱……她变得情绪不稳定，行为异常、经常说谎、偷亲戚家的钱，独自外出青岛、天津等地，夜宿车站，从不自归。住院后，颖颖很少与医生交谈，对其他病友极端粗暴，语言下流，哭笑无常。对父母的探视，她情感冷淡，无动于衷。破碎的家庭铸造了颖颖破碎的心灵。

（《中国教育报》1993 年 8 月 15 日）

很明显，颖颖的心理问题是由于父母关系的紧张而造成的。

夫妻之间应和睦相处，有了孩子后更应该这样。当然，夫妻之间免不了对家庭的一些事会产生不同的看法，甚至意见分歧，发生争论。但这一切都不要当着孩子的面发生，应在孩子不在场时进行，求同存异，这样才能使孩子感到父母的爱和家庭的温暖。

夫妻离异，使家庭自然结构遭到破坏。心理学家李·索克一针见血地指出：“对于孩子来说，父母离异带来的创伤仅次于死亡。”缺少母爱的孩子，在心理上没有安全感、稳定感、容易形成孤僻、冷漠、粗暴等不良性格；如果没有父亲的存在、缺少父爱，又会使母爱向溺爱发展，同样会影响孩子的心理健康。

给孩子一个温馨的家

中午放学了，在校门口，一位看上去40多岁，但打扮得与实际年龄不相符的女人，挡住了一个正准备回家的女孩的去路。女孩子连眼皮都没抬，绕开了这个女人。其实女孩早就看清来者是谁，就是不想理这个女人。这个女人跟在后面走了一会儿，女孩回头冷冷地说：“你总跟着我干吗？”女人显得很吃惊：“怎么？你连妈都不喊？不认识我了？妈想你，特来看你。”雯雯冷冷地说：“我现在谁也不想，想你的岁月已经过去了，我不需要你的假慈悲，我不需要你的怜悯。”女人伤心地说：“雯雯，妈妈有对不起你和你爸的地方，但想想妈以前对你的好处，你也不应和妈这样讲话，你怎么这样没良心？……你看你身上的衣服脏成什么样了，妈给你洗一洗……”雯雯不再讲话了，只听母亲喋喋不休，脸上的表情也是麻木的。但通过她的眼睛，看到的是憎恨，是内心的矛盾。是的，当她最需要母爱，最需要关心的时候，这个铁石心肠的女人抛弃了她和父亲，投入另一个男人的怀抱。雯雯清楚地记得，她曾经跪在地上用嘶哑的嗓音苦苦地哀求母亲不要离开她，但都无济于事。

终于没有挽留住母亲。如今，她鬼混的那个男人喜欢上另一个女人，又抛弃了她。事到如今，母亲才有一种失落感，才知以前抛弃的还是最珍贵的。然而泼出去的水，再也收不回来。

雯雯是中学二年级的学生，在她小学即将毕业时，父母离异，她跟着爸爸，不久奶奶被接来。可是自从奶奶被接来后，爸爸就经常不回家。奶奶毕竟是70岁的老人，照顾得了吃喝，就顾不上了学习和教育。雯雯的学习成绩直线下降，性格孤僻，思想不求上进，专找一些后进同学交朋友。15岁的雯雯男朋友已经换了好几个。学生们都讲，雯雯最讲义气，最为朋友两肋插刀。

讲义气，为朋友两肋插刀，这是雯雯被扭曲心灵的发泄，是对父母的报复。她只有在这些朋友中得到父母那里得不到的温暖。殊不知，雯雯这样做毁了自己的前途。

（郑天扬）

做父母的在离婚前不能只考虑个人的幸福和恩怨，同时要认真想到孩子，也就是说，在准备离婚时，不能把孩子丢在脑后，要想到孩子的承受能力，要想到对孩子的心理伤害。一句话，离婚不只是你们夫妻间的事，还有一个无法割舍的“第三者”即孩子。如果不考虑这个“第三者”那就太自私了，不配做父母。

如果非离婚不可，必须安排好孩子的抚养和教育，尽到做人父母的责任。不能把孩子推给一方，这会使孩子失去母爱和父爱；更不能把孩子推给别人，这就让孩子完全没有了父爱和母爱，没有了家庭的温暖，其结果就像文中的雯雯一样，使其幼小的心灵扭曲，使其行为完全失常……

在重组家庭中受到不公正待遇，使孩子受到伤害。在离异后，有孩子的都要带孩子重新组成新的家庭，这是理所当然的事，也是人之常情，无可厚非，我们也祝这样的新家庭和睦、幸福，也真心地期望继父或继母们真诚对待养子或养女，使他们在新的家庭得到父母的爱，家庭的温暖，健康成长。

但是在有些家庭并不能公正地对待养子女而使孩子的心灵受到伤害。

是谁伤害了她

在我接班后的不久，我发现班里的L疑心重，敌视别人，反抗情绪严重，一不顺心就骂人，甚至动手打人。一次上课时，我正板书，听到她大喊大叫："叫你看！叫你看！"边喊边用拳头没头没脑地打她前面的一位男同学。我赶忙上前制止，问她："你为什么打人？"她好像受了很大的委屈，大哭大叫着："谁让他看我！"我说："他看你一眼怎么了？也没有恶意。"她越发大声哭喊起来："就是有恶意！你们都没有好心眼！……"类似的事又发生多次。

我感到这是个特殊的小女孩。出于教师的责任感，我们进行了调查和多次家访。

原来小L生活在一个畸形的家庭。3岁母亲去世，后来父亲和离异的小Z的母亲结婚，凑成了这个四人之家。一儿一女本应成为一个幸福的家庭，但由于夫妻不能平等对待这两个孩子，造成了小L心理的变态。

小L的继母偏爱自己的儿子，亲生父亲又处处看妻子的眼色行事，不敢表现出对女儿的关心，对儿子却关心备至。这样，小Z得到两个亲人的宠爱，而小L一个人的爱也得不到，结果是一个家庭的两个孩子，男孩总穿入时的儿童装，背高级的双肩书包，文具也是各式各样的。而女孩穿的是不合体的衣服，袖子要挽上两折，而罩裤要比毛裤短，毛裤两条腿的颜色也不一样。

在家里，小Z和父母同住一屋，自己有一个单人床，干净整齐。而小L却住在门厅里，一张木板搭的小床，床上铺的是破旧的棉絮，泛着臭味，床下堆满了杂物。一家人吃饭时，她不敢夹菜，总觉得继母在盯着她。她喜欢吃的东西，不敢向家长要，得机会就偷着吃，有时还偷家长的钱买吃的……

小L的家庭处境使她的幼小心灵受到严重的伤害，她对继母又恨又怕，但不敢直接反抗，有时故意弄坏继母的东西，有时拿小弟弟出气,但总逃不了一顿打……她的心灵被扭曲了，变成了一个爱撒谎、偷东西、经常打架、大哭大闹的小孩。

治病要治根。小L的心理障碍是由于失去了亲人的爱，失去了家庭的温暖造成的，因此，我以师情和同学的友情给以弥补……

（田昱琦）

是谁伤害了她？是继母的虐待，是亲生父亲的失职，伤害了她，扭曲了她幼小的心灵。继父或继母都是孩子的父和母，都应该承担抚养和教育的责任，也应给孩子父爱和母爱，任何虐待养子女的行为都是不道德的、违法的。

在重组家庭，做亲生父母的首先保护的不是自己，而是孩子，因为孩子小，容易受到伤害。小L的父亲如果像对待小Z那样对待自己的亲生女儿，小L也不会受到伤害。

（三）父母的教育方式

人们常说：父母是孩子的第一任教师。在这里，除父母的榜样示范作用外，教育思想和教育方式对孩子的健康成长起着极其重要的作用。教不得法，好强的父亲也会教出无能的儿子（见附一）。

溺爱娇惯。现在的少年儿童绝大多数是独生子女。因为一个家庭只有一个孩子，有点儿溺爱的娇惯是人之常情，是可以理解的，但要有个度，超越了这个度就会违犯教育原则，对孩子的心理发展造成不良影响。

亲子关系与儿童心理健康

冯××，男，13岁初中一年级学生，在学校孤僻、退缩、逃避困难，而在家中烦躁、发脾气，甚至打骂父母。患儿父母均是中学教师，对孩子寄予厚望。孩子从小受到无微不至的照顾。两岁学认字，3岁背唐诗，4岁学算术，5岁时已完成小学一年级的课程。由于孩子出色的表现，父母对他更是百依百顺。上学后，书本知识确实不成问题，可是他常与同学发生矛盾，体育考试不及格，父母只好托关系，让他过关。上了重点中学，父母更是关心备至，整理书包、收拾书桌、洗澡仍由母亲全权负责，爸爸则负责接送上下学，以免被别人欺负。

然而，步入青春期的少男少女们，交往增加了，患儿当然也不寂寞，投入到同学环境中，结果却屡受挫折。一次课上，他对同桌女同学课桌里的小气球感兴趣，拿出来看，被老师发现后没收了。课后这位女同学当众抽了他一个耳光。同学们都愤愤不平。他却说:“不怨她，要是我不拿她的气球就好了。”还有一次，课间几个同学打闹，他站在旁边，被同学一撞，新穿的衣服被桌子角刮了一个大口子。正巧老师看到了，要批评这几个同学，他马上阻止老师说:“要是我不站在这儿就没事了。”弄得老师哭笑不得。就是这个在学校胆小退缩、适应不良的孩子，在家中却盛气凌人，常对父母发脾气，不是嫌书包装得不对，就是嫌桌子收拾得不整齐，甚至打骂、怨恨父母说:“都是他们害的我，我什么都不行，没人喜欢我。”

泪眼汪汪的母亲最后说:“我把全部心血都倾注到孩子身上，没想到，没得好还遭到孩子的怨恨。医生快救救我的孩子吧！”

(郑毅)

在父母的过度保护下，孩子失去了与他人交往的能力，在同龄人中发生冲突后，不知该如何公正地对待，合理地处理，一味地表现出软弱的无能、退缩……这种心理伤害在外无法释放，只有在家里进行发泄。孩子的这种两面人格的心理问题是由父母的溺爱娇惯造成的。

放任自流。有的家长忙于自己的事业，有的忙于发财，无暇顾及子女的教育；也有的父母信奉“树大自然直”的信条，放弃对子女的教育。由于父母的放任,孩子不知不觉出了问题，有的出现品德问题，有的也会出现心理问题。

放任自流的家庭“教育”

裴某的父亲是个体运输户，几年来很快富了起来。他平日里忙于挣钱、请客吃饭、送礼、分钱、家中门庭若市。裴某就在各种交易中，在鸡、鸭、鱼、肉、烟、酒熏陶中，在来客的赞扬声中成长。

裴某的母亲婚前经济条件有限，过的是温饱的日子。现在有了钱，又没有工作，有的是时间，因此就忙于逛商场，热衷于穿着打扮，热心于戒指、耳环、项链……

父亲忙于挣钱，母亲忙于享受，对儿子的学习、行为不闻不问，只是雇保姆照顾儿子，负责儿子的生活和学习，就是家长会也是多次由保姆代替。而保姆为了保证工作、挣到钱，对裴某百依百顺，实际上在裴某的指挥下负责他的生活和学习。

裴母不仅放弃了对儿子的教育，还极为娇惯，无限度地满足儿子的物质需要。她亲自对班主任老师讲:“孩子要什么我就给什么,从不说个‘不’字。”“孩子要20元钱,我就给50元，不让孩子受委屈。”“我家里烟酒无数，儿子随便抽、喝……”

由于父母放弃对孩子的教育，也无限度地满足孩子对物质的需要，裴某从小就花钱如流水，爱摆阔气，一副公子爷、少爷像，才初中二年级，吃、喝、玩、乐样样会，就是厌学情绪严重，是班里典型的学习困难学生，但他自己对学习成绩好与差都无所谓。

由于缺少正确的管理和教育，裴某性格暴躁，蛮横不讲理，经常是他以大欺小，以强欺弱，不少同学怕他，在背后骂他是“疯狗”，到处咬人。对老师的耐心教育，他的回答是:“我爸、妈都不说我，你管那么多干什么……”

是谁伤害了裴某的身心健康？是其父母的放任自流。

简单粗暴。有一些家长不溺爱和娇惯自己的孩子，而是从严要求,但教不得法。在信奉“不打不成才”“棍棒下面出孝子”的封建信条下，既无民主，又无平等可讲，滥施家长权威。孩子有了过错，不是问明情况，分析其原因，而是不分青红皂白，轻则训斥责骂，重则痛打一顿。这种简单粗暴的教育方式，对孩子的心理发展产生种种不良的影响。有的孩子在父母的威严下，唯唯诺诺、谨小慎微，胆小怕事；有的为了逃脱父母的打骂，养成说谎骗人的毛病；有的性格暴躁，情感淡漠；有的感到父母无情，家庭无温暖，产生与父母相对抗的心理，甚至离家出走，流浪社会。这样的实例在本书中举了多次，不再多述。

附一：好强的父亲怎会教出无能的儿子

一位中年妇女带着 10 岁的儿子来到心理咨询室，请医生帮她儿子检查一下，看是不是有智力障碍。心理医生认真地为孩子做了心理测查后，发现孩子智力正常，但自我保护意识过强，害怕困难、害怕失败，整个测试中都缺乏主动性，也没有一般孩子那种好奇心。医生又了解孩子的家庭教育情况。原来，她们两口子都是知识分子，从妊娠起就对孩子寄予厚望，孩子 3 岁多后，他们开始教他认字认数，但孩子的脑袋不“开窍”，教了几个星期，仍然是只会数不会算，为此挨了不少的骂和打，慢慢地就变得问什么都不开口，也不再像以前那样对什么事都感兴趣了。

从综合测验时的表现、测验结果及家庭教育情况，医生诊断这个男孩是患上了一种叫“习得性无能”的心理障碍。所谓

“习得性无能”，是指个人经历了失败和挫折后，面临问题时产生的无能为力的心理状态和行为。这种心理障碍的产生与父母对孩子的期望过高、超过了孩子的实际能力有关。因为对孩子要求过高，结果孩子无法完成，只会是经常失败。一方面孩子经常失败使家长由期望变失望，从而招致家长更多的批评、抱怨、贬低，并严重损害个人的自尊和自信，为了维护自尊便会产生消极的心理防御机制，其主要表现形式之一就是逃避困难，以避免失败。另一方面，过多的失败体验和经常被贬低，影响孩子自我信念的确立，产生“我确实不行”的自我认同，进而构成消极的自我概念，缺乏自信，以致在面对失败和困难时，往往过低估计自己的能力。这些儿童，把困难看成对自身能力的一种威胁，尽量回避困难，以致对任何事都反感、厌倦，并有退缩倾向。

所以，家长在教育孩子时，对孩子的要求要符合孩子身心发展的规律和实际能力，不能过高和操之过急。当孩子面临着挫折或学习困难时，不要一味地批评、抱怨、贬低，而要鼓励他们去克服困难，帮助他们去分析问题，寻找解决问题的办法，尤其对他们那种不怕困难、敢于向困难挑战的精神要给予充分的肯定和鼓励。对已经形成习得性无能心态的儿童，家长和老师要改变过去那种只看到孩子的短处，经常歧视、贬低他们的做法，而要观察和发现他们的长处和进步，给予肯定和赞扬，让他们重新体验到成功的乐趣，帮助他们重拾自信。

（《文汇报》1995 年 7 月）

附二：心理医生教您的孩子尽快适应学校

每当秋季，孩子们都要进入一个新的学年，而对孩子来说，还将面临更多的挑战。此时，家长不仅要帮助孩子准备好书包和文具，更重要的是要注意为孩子做好入学后的心理准备。

第一，学习成绩是次要的，重要的是孩子的学习能力是否发展不足。

一年级的孩子学习成绩很容易达到90分以上，但是学习能力的发展却不尽相同。学习能力主要表现在计算、阅读、书写等技能以及注意力、动作速度和认真程度上。另外，和学习能力密切相关的问题还包括:上课注意力不集中、爱做小动作、走神、写作业拖拉、自觉性差、粗心大意、情绪不稳等。如果发现孩子有这样的问题，不要以为孩子是学习态度有问题而责罚孩子，应该找心理医生咨询，采取科学的方法矫正。

第二，是否注意培养孩子良好的学习习惯，激发和保护孩子的学习动机。

孩子的学习动力非常重要，家长要多鼓励，遇到困难多帮助，不要打骂，也不要包办代替。

第三，是否注意训练孩子的协调性。

身体运动协调能力的训练对学习能力的发展至关重要。家长都比较重视孩子的学习，却往往忽略了孩子的玩。有的孩子会弹钢琴、绘画，但不会跳绳；爱看书，可体育差。殊不知孩子身体运动协调能力的发展和注意力、动作速度、推理能力和抽象思维能力都密切相关。

第四，是否注意培养孩子健康的情绪和性格。

有的孩子智商很高，学习成绩也很好，但性格有些内向孤僻、不合群，不和别人交往，不会处理矛盾，不敢面对竞争的环境。这样的性格将来很难适应现代化生活的需要，严重的还会出现心理疾病。

造成孩子心理问题的关键在早期，治疗和调整的最佳时期也在早期。如有特殊问题可求助心理医生。

第五，出现问题，是否应该寻求心理医生的帮助。

有的家长在幼儿园时就发现孩子有坐不住、多动、平衡能力差、注意能力发育迟缓、情绪不稳定等问题，但总以为孩子小，淘气是正常的，长大就好了，结果上学后才发现孩子的许多行为都不适应学校的要求，惩罚、打骂孩子也不奏效。其实，家长应及早咨询心理医生，做一些必要的心理检查。如果有问题，可以进行有针对性的心理矫正。

（中国协和医科大学基础医学院心理健康部 杨霞）

第九章

家长应思考的若干问题

教育子女是一门科学，如前所述外，还有许多问题摆在家长面前，必须思考和抉择，它们同样影响孩子健康成长。

一、从“捡了就是我的”说起

——智商与德育

我们的培养目标是：使学生在德育、智育、体育、美育、劳动技能和心理品质诸方面都得到健康的发展。但是，有一些做父母的只重视孩子的智育而轻视德育，造成孩子思想品德和行为出现偏差。

“捡了就是我的！”

一天，我（笔者）在北京某小学四年级的集体问卷测试正在进行，这时一位小男孩高高举起手，我急忙走过去。

“有什么问题看不懂吗？”我小声问。

“老师，他把我的橡皮拿走了。”小男孩很有礼貌地站起来，指着同桌的女孩委屈地说。

“你拿了他的橡皮？”我问小女孩。

“我是刚才从地上捡起来的！”她理直气壮地回答我。

“我的橡皮刚从桌上掉下去，她就捡起来，说是她的，就不给我。”男孩解释。

“是你捡了他的橡皮吗？”我又问女孩。

“是我捡的，捡了就是我的！”女孩毫不示弱。

为了不影响测试，我从别的学生那儿借了一块橡皮给小男孩用，告诉他们俩这件事课后再解决。

课后，我把这件事告诉了班主任，请她处理。班主任讲，这个女孩很聪明，学习优秀，就是特别自私，总是想占别人的便宜，类似今天这样的事情发生过多次。班主任很生气地说：“这都是她妈惯的。她妈妈就知道关心孩子的学习，对孩子在学校的一些不良行为却满不在乎，还说什么‘孩子大了就知道怎么做了’。你说，我们当老师的有什么办法？”

这是很具有代表性的重智育轻德育的家庭教育思想和教育方式。现在的年轻父母对孩子的学习有很高的期望值，小学时能经常考“双百”，中学毕业后能考进国家名牌大学，将来能成为学者、教授、科学家、高级管理者——为这目标不惜一切代价送孩子参加各种辅导班学习，购买多种多样的辅导资料，有的还请家庭教师，目的就是按父母制定的蓝图对孩子进行塑造，而对孩子在学校的思想品德和行为表现并不过问，总认为孩子只要不违反学校的纪律就行了。有的还特别护孩子的一些不良的行为，损坏了别人的东西就说“我们赔”，把同学打伤了就说“医药费我们全包”。

做父母的期望孩子成才，这并没有什么错，但什么是人才？人才的标准是什么？他们并不完全清楚，错误地认为只要学习好就能成才，就是人才。

“人才”在词典里解释为“德才兼备的人，有某种特长的人”。首先是“德才兼备的人”。罗曼·罗兰指出：没有伟大的品德，就没有伟大的人。那么做父母的首先教给孩子什么呢？是怎样做人，即培养良好的思想道德品质，还是怎样成“才”，即片面地追求学习成绩？答案当然是前者。只重视孩子的智育，而忽视孩子的德育，这是在培养人上存在一种潜在的危险，它有可能毁掉孩子的一生。因为人是一个有机的整体，是一个完整的人，在活着的人体中没有独立的部分。这正如恩格斯说的，只有在尸体中才有部分。孩子作为一个有机的、完整的活人，不能对他进行片面的教育和培养，否则就是对孩子的一种摧残！正如中科院院士杨叔子教授指出：“有德无才，是庸才；有才无德，是害才；有德有才无体是病才，我们学生要德智体全面发展。”

研究表明，现在中小学生缺乏责任感、同情心、合作精神、耐挫能力、生活自理能力等。这些做人的品质，恰好是事业成功必不可少的条件。不知怎么做人，事业怎么会成功呢？因此，诗人但丁指出：“道德常常能填补智慧的缺陷，而智慧却永远填补不了道德的缺陷。”哪个轻，哪个重，做父母的在履行自己的天职时必须认真思考，也必须认真对待，使自己的孩子健康成长和发展。

二、饿昏了的高中女学生

——知识与能力

孩子获得的知识是指知识的量，即多少，也指知识的质，即正确与错误。知识的获得方式可以通过百科全书，也可以通过死记硬背。而能力则完全不同，它是指获得知识的速度、深刻性、广阔性、灵活性和准确性等，更重要的是运用已有的知识分析问题、解决问题的水平，这是一种智慧。知识和能力是有联系的,但知识不等于能力。诺贝尔获奖者丁肇中教授讲:“孩子在学校考第一不代表什么，至少我认识的科学家都不是年年考第一的好学生。我自己更不曾考过第一名，小时候父母不管我，让我自己发展。所以，分数不能代表孩子的全部和未来。”重知识轻能力是错误的。在现实生活中有这种错误的思想和做法的大有人在。

饿昏了的高中女生

小红是高中二年级的学生，是妈妈的独生女。自父母离异后，小红和妈妈相依为命已经生活了近十年。小红是妈妈的寄托和希望，是妈妈的精神支柱。为了女儿妈妈没有再婚，她的唯一期望是女儿能考上名牌大学。为了实现这个目标，妈妈请老师为女儿辅导，购各种类型的辅导资料供女儿参考。为使女儿集中精力学习，妈妈不让她进厨房，也不让她动洗衣机，一切家务都由自己承担。“只要女儿能考上名牌大学，再苦再累也心甘情愿”，这是妈妈的心里话。所以，小红除学习没有别的事情可以做，过着“饭来张口，衣来伸手”的生活。

小红聪明伶俐，也很理解妈妈的处境和心愿，因此在学习上很努力，学习成绩优秀，在班和年级都名列前茅。老师们都认为，小红是考北大、清华的材料。这使妈妈得到很大的安慰，也感到自豪、骄傲。

一个星期天，妈妈一早就出门了，去给单位办事，天黑才回来。一进家门见女儿坐在沙发上脸色发白，急忙走过去抱住女儿："小红你怎么了？"小红见到妈妈叫了一声"妈——"就昏了过去，好一阵才清醒过来。

"小红，你到底怎么了？"

"妈，我一天都没吃饭，是饿的。"

"为什么一天不吃饭？"妈妈不解地问。

"饭桌上没有吃的东西，我吃什么？"女儿有点不高兴。

"冰箱里有酸奶、饼干、点心，厨房里还有方便面啊，你没看见？"

"我没有想到去找。"女儿说着低下了头。

"唉，都怪我，走的时候没有把吃的放在桌子上，别哭，妈给你拿吃的。"

在这个真实的故事里，小红饿昏过去，应该怪谁呢？肯定是怪她的妈妈，但责怪的不是"没把吃的放在桌子上"，而是怪平时包办小红的一切生活，没有重视对女儿生活能力的培养，这样女儿离开妈妈只能是看着"金饭碗"，挨饿就不奇怪了。因此，做父母的不能只重视孩子的知识而轻视基本能力的培养。

培养生存能力。生存能力包括的范围较大，最基本的是生活能力。一个人只有能生活才有可能做其他事情。教初三化学课的王老师讲述了发生在他讲课时的一件引人深思的事情：

“张明，你去锅炉房打一壶开水来。”王老师上化学课做演示时水不够用了，随手把暖壶递给了坐在最前排的张明同学。

十分钟过去了，张明低着头提着暖壶回来了。王老师接过暖壶一看是空的，奇怪地问张明：“你怎么没有打开水？我等着用呢？”

“我——”

“你是不是没有找到锅炉房？”

“找到了，李大爷不在。”

“我问你，为什么没有打开水？”

“我不知道怎么把开水装进壶里。”说着他低下了头。而他的回答引起了全班同学的哄堂大笑，把王老师也逗乐了。

“你在家里没有灌过暖壶？”王老师问。

“我们家都是保姆干活，我从来没有看见过开水是怎样装进暖壶的。我自己更没——”

全班又是一阵大笑。

你可能认为这是个特例，可是不会做自己应该做的事的青少年大有人在：六年级的女生不会梳头，男生不会系鞋带；中学生不会叠被子，不会洗衣服；甚至有的大学生因生活不能自理而离校。所以，做父母的要从小培养孩子的生活能力，最基本的方法是从做家务劳动开始。帮妈妈择菜、吃饭前后收拾饭桌、洗衣服，直到做简单的饭菜。这些开始时有可能做得很糟，收拾饭桌打碎了碗、洗衣服不干净、做的菜难下咽，但是只要坚持慢慢会好起来的。最重要的是在简单的家务劳动中培养了孩子的劳动观点，掌握了简单的劳动技能，学会了怎么样生活，就不会发生小红看着“金饭碗”挨饿，张明看着锅炉打不了水的可笑事情。

培养自我保护能力。孩子生下来受父母保护，上学了受老师保护，走向社会除了受法律保护外，重要的还要靠自己的保护。一个人的自我保护能力不是生来就有的，也不是一朝一夕就学会的，而是从小培养的结果。生人叫门开不开，路遇生人让你带路去不去，遇到家里发生火灾怎么办，遇到歹徒怎么办——这些都要从小反复教孩子怎么处理。

8 岁的张博作为人质在缅甸的大山里押了 80 多天，受尽了折磨，在家人来救无望的情况下，他下决心逃出去。经过多次努力，他成功了，并越过边境回到国内在派出所报了案，带领警察抓住了坏人；一个被人贩子拐来的 5 岁男孩，最终没有被卖掉，扔在了火车站。原因是遇到要买的一家，他就大声说："叔叔，阿姨，他是人贩子，你们不要买我，谁买了我，等我长大了就杀了谁。"如果他们没有自我保护的能力，就永远回不了家，也见不到亲人了。

培养抗诱惑能力。在人的一生中，要面对很多诱惑。幼儿园时，食品、玩具；上学了，文具盒、学习用品、书；青春期，服饰、自行车；成年了，工作单位、社会地位、住房、工资、汽车等这些都具有诱惑力，有的能禁得住诱惑，有的则不然，这在很大程度上取决于家长从小抗诱惑力的教育和培养。我们应从小教育孩子：不要随便吃别人的东西，玩别人的玩具要经允许，不要羡慕别人的东西，在物质上不能没有限制地满足孩子的需要——"别人孩子有的，我的孩子也要有，别人孩子没有的，我的孩子也要有"的观点是错误的，这容易使孩子从小产生贪婪的心理，经不起各种诱惑。

培养应变能力。有一年的高考中发生了这样两件事：甲乘公共汽车去参加考试，中途车出了故障，该生错过了考试时间，哭着回到家中。父母问他为什么不换乘出租车？回答是“没有想到”。乙骑着自行车去考试，没走多远车坏了，怎么也弄不好。眼看要误考试时间，他急忙拦住一名交警说明情况。交警马上用警用摩托车打开警笛准时把考生送到了考场，没有误考。由于两考生的应变能力不相同，在发生相似的意外事件后，也就有了截然不同的结果。

在现实生活中，人们经常遇到一些意想不到的突发事件，有的能沉着应对，有的则惊慌失措，结果耽误了事。这种应变能力要从小培养，平时对发生在孩子周围的大小事，引导孩子多问几个为什么，也教给他们处理的不同方法，目的在于从小培养孩子遇事多动脑，多想对策的心理品质。

培养适应能力。海南附属医院心理咨询中心几年前接待过十多名被迫从清华、北大、人大、中山等名牌大学休学回家的大学生。这些学生进高校后很不适应，遇到一些人际交往上的挫折就灰心丧气，无所适从，最初出现的不良症状就是失眠、懒散、不想上课，最后放弃了学业。这些学生是学习上的优秀生，否则不会进入全国名牌大学，但是在心理素质上是弱者，是生活的失败者。家长对子女的教育应该放开手脚，从小锻炼他们的生活能力。书包自己背、床铺自己收拾、衣食自己多动手——还要支持和鼓励孩子与小朋友、同学多交往，交给孩子与别人交往的具体方法，以锻炼孩子的人际交往能力和适应环境的能力，经得起失败或者挫折的考验。

三、两个不同的家庭故事

——身教与言教

身教和言教的问题在《品德,照亮孩子一生的光源》和《少年犯罪》中已有说法，这里还要再多说几句，旨在引起家长的真正重视，付诸行动。

邻居家的小杨洋两岁多一点，每当看到我，总是先把两只小手背在身后，学我走路，然后才叫一声“爷爷”。这是因为每次我带他玩时，我习惯性地背起手走在前面，他跟在我后面，从没人教他背起手学我走路，但他很自然地就学会了。这样天长日久，“背手”养成了他对我的见面礼。从日常生活中这样一件平常事说明了一个简单又深刻的道理：儿童少年具有很强的模仿性，这要引起家长的高度重视。

孩子降生到这个世界，首先和他经常接触的是自己的父母，第一个模仿的对象也是父母，父母的言谈举止，都会在孩子纯洁的心灵上打下深刻的烙印。土耳其有句家教名言：“模仿是儿童的特点，示范是最好的语言。”孩子爱模仿的眼睛更需要和善的榜样。如果做父母的和家庭中每一个成员都能用文明的举止、纯洁的言语、高尚的道德品质和情操编制一幅和善的画面展现在孩子面前，孩子就会在这个画面中健康成长。

张庶民一家五口人，住在23户人家的大杂院内。奶奶叫刘淑英，是退休的小学教师。她说：“我的生命属于孩子，退休只是变化一下我为孩子服务的地方和方式。”她自觉地担任了全院38个幼儿、小学和中学生的“班主任”，指导孩子学习，组织孩子娱乐，有时代替孩子的家长直接到学校找老师联系。

妈妈叫尤慧芹，是大夫，是全院的“保健医生”，热心为邻居看病、打针，甚至对直接去医院就诊的病人，她也要询问叮嘱几句才安心。爸爸张庶民是工厂的技术员，工作很忙，回家较晚，是全院家用电器的“小修点”和“技术顾问”。两个孩子，哥哥上中学，妹妹上小学，兄妹俩每学期评语都是“爱护同学、关心集体、工作负责、有献身精神”等字眼的三好学生。

由此可见，父母要思考自己的形象，为孩子树立好榜样，做到语言美：说话文明，不满嘴脏话，不张口骂人；行为美：堂堂正正做人，正大光明做事，不占小便宜，更不能偷鸡摸狗；爱学习：学习文化知识，经常看书读报，关心国家大事；尊敬老人：敬自己的父母，尊邻里的老人，见面问好，有困难主动帮助；邻里关系好；邻里间相互关心，相互帮助，相互谦让，不能得理不饶人，无理狡三分；工作努力：对本职工作认真负责，争取表扬和奖励——这样的父母为孩子树立的榜样是无声的语言，是无声而强有力的教育力量，也是父母送给孩子最珍贵、最有价值的礼物。

在现实生活中，父母给孩子的不都是灿烂的阳光，也有黑暗和丑恶，这样的家长经常给孩子讲空洞的大道理，却轻视自身榜样的作用：教育孩子好好学习，自己却不学习，连报纸都不看，空闲时间消磨在串门、打牌上；教育孩子尊敬老师，听老师的话，可自己不尊敬老人，甚至虐待父母；教育孩子要文明礼貌，同学间要团结友爱，互相帮助，但自己与邻里关系紧张，为一件小事争吵不休——这对孩子将起何作用呢？请看：

赵某一家四口人，赵某在多家单位工作过，但没有一次是他满意的，他的语言里出现最多的词是“钱、钱”和难听的骂人脏字，由于他严重的不负责任，作风坏，曾受过处分。赵的爱人在街道企业工作，是一个任何亏不吃、大小利都贪的女人。这一对夫妇在胡同里打遍了四邻，人人都躲着他们，堪称当地一霸。赵家有一男一女两个孩子，男孩没有考上大学在社会上游荡，后因为打架伤人被判刑。女儿十四五岁就不上学了，和一些不三不四的社会青年鬼混，男朋友三天两头换……

相传，中国古时候有位不孝之子，总是嫌弃母亲年老无用。一天他和儿子用破筐将母亲抬到深山里扔了。临回时儿子背起了破筐，他不解地问："你拿它做什么？扔了！"儿子回答得也很干脆："扔了，你老了，我扔你的时候拿什么装啊？"这时候他才恍然大悟，忙把母亲背回家。这虽说是一个传说中的故事，但它深刻地说明了父母榜样的作用。希望那些只会言教而轻视身教的父母，能从这个传说故事中受到点启发，并见之于自己的行动。

四、"我是笼中的小鸟"

——管理与交流

在现代竞争十分激烈的社会里，望子成龙心切的父母们，对子女通过严加管教去实现自己绘制的蓝图，为其将来在竞争中获得胜利做准备。至于孩子在想什么、怎么想，他们不了解，也不关心，结果适得其反。

"我是笼中的小鸟"

初春的一天下午，时针已经指向 4：30，心理咨询室走进一位中学生。他高高的个子，大大的眼睛，长得眉清目秀，却是满脸愁容。我请他坐下，倒了一杯开水。他很有礼貌地站起来，双手接过水杯，说了声“谢谢”。

我们慢慢地开始了交谈,他流着泪与我交谈了两个多小时，诉说了家庭给他带来的内心痛苦。下面是其中的片段内容：

“我生来爱说爱笑，爱唱歌，爱跳舞，在幼儿园里我一直是大班的领操员，老师们都喜欢我，说我聪明、听话、懂事。我也自由自在，整天都很快活。现在回想起来，幼儿园是我最愉快的时候。

“上小学后，我的生活发生了很大的变化，父母望子成龙心切。为了我学习好，能考进名牌大学，规定放学后就回家，不准在外面玩，回到家后更不准下楼，在自己的小屋里写老师布置的作业，读父亲指定的课外书。我经常趁爸爸还没有下班回到家时，偷偷趴在窗口看小朋友玩，他们你追我跑玩得可高兴了，欢笑声不断。有时看得高兴，我也不由自主地笑起来。但他们的笑是发自内心的，是欢乐的笑，而我的笑则是苦涩的。

“晚饭后，我也到阳台上去看看养的小鸟，它被关在小小的笼子里，有吃有喝，不停地在叫喊，还跳来跳去，但总跳不出小小的笼子而飞上蓝天。我和小鸟一样，关在家里不能自由活动，所不同的是小鸟的笼子小，而我的笼子大。

“我看到不少一家三口人手拉手在街心公园散步，有说有笑，打打闹闹，好不快活，我特别羡慕。我们一家三口人被分为两半，爸爸和妈妈在一边，我自己在一边，中间好似隔着厚厚的玻璃墙，只见其形，而听不到其音。我已经是高中二年级了，与父母之间没有多少话可说，更谈不上交流一些想法，经常说的只有三个字，当从厨房传来妈妈的声音‘叫你爸爸吃饭’时，我就喊一声‘爸，吃饭’，除此以外没有多少话可说。

“我不是不爱说话的人，我有一肚子的话想对父母说，但他们不爱听，说不到一起。爸爸经常对我发出的警告是：‘你现在的任务是学习，考名牌大学，考不上大学看你怎么办，只有扫马路。’这样天长日久，就是我有话也变成了无话，所以，做父母的并不知道儿子此时在想什么、想得对还是不对。

“每年寒暑假，我都要去农村的爷爷奶奶家住几天，这几天是我一年中最高兴的时候。夏天和村里的小伙伴们下河摸鱼，上山放羊和逮鸟；冬天在打麦场上踢球；晚上爷爷奶奶给我讲故事，还说今谈古。爷爷奶奶家好像是个温室，温暖了我的心，而自己的家像个冷库，我深感冰冷。

“我总觉得我们三口之家像个拘留所，两个优秀的人民警察在管教着一个小偷。

“您说，这也是父母对儿女的一种爱？我承认爸爸妈妈是很爱我的，对我寄予很大的希望。但是这种爱我受不了，为什么不换个方式爱呢？现在我根本无心学习，更没有考大学的心思，天天在想如何走出家庭的困境。”

不难看出，这是个对子女重管理而轻交流的家庭。

俗话说“严师出高徒”“子不教父之过”。父母从严管理自己的孩子，让其用心学习，争取好的学习成绩，将来有所作为，这是应该的，是必须这样做的。但是严格管理要做到合情合理，严也必须有度；严要有益于孩子的健康成长和发展，而不是抑制孩子的健康和发展；严还要符合孩子的年龄心理特征。把一个读小学的孩子关在家里，不准与小朋友交往，只要求他读书、学习，这既不合情合理，也是严重失度。因此，孩子的内心体验只能是关在笼中的小鸟，“家庭像冷库，深感冰冷”。

交流，也只有通过交流才能和孩子沟通，真正了解孩子的内心世界。上学了他们在想什么？青春期在想什么？需要哪些帮助？考好了在想什么？考不好在想什么？——这些家长都应了解。了解的唯一方法是通过民主、平等、朋友式的交流，孩子说对了的给予肯定和鼓励;讲错了的不是批评，更不是训斥，要摆事实讲道理，多引导和启发；对有争议的问题要坚持各抒己见，不压制，做到求同存异。

从严格管理和交流沟通的关系看，交流是严格管理的前提条件，只有了解孩子的内心世界，知道孩子在想什么，做什么，有哪些困惑，需要什么帮助——这时候的严才有针对性，才能被孩子接受，才能收到严的效果。失去交流的严是盲目的严，主观的严，无的放矢的严，这往往是无效的，甚至是有害的。

五、小龙离家出走了

——身体健康与心理健康

现在的中小学生基本上是独上子女，做父母的也就格外关心他们的身体健康。许多家长为孩子准备可口的一日三餐，提供丰富的营养,结果出现不少的“小胖子”和“豆芽菜”的体型。

孩子的身体稍有不适，全家人不安。笔者在医院遇到这样一件事：一家六口即父母、祖父母、外祖父母陪着一个 10 岁的小男孩来医院看病。病因是在上体育课时跑步不小心跌倒了，擦破了皮,流了血。班主任带他到学校附近的医院进行了处理，也注射了破伤风针。医生讲是皮外伤，不影响活动，过几天就没事了。因为“怕感染”，全家出动求医。

许多家长在关心孩子身体健康的时候，往往忽视对孩子心理状态的关注。孩子情绪低落、脾气暴躁、讲话减少、交往频繁等现象并不大关心，就是感觉到了也不会当回事。尤其是学习成绩不稳定时，孩子在想什么，家长不多过问，只是对孩子在学业上施加压力，结果造成悲剧，轻则离家出走，重则精神失常，甚至自杀身亡，这已经不是新鲜事。

小龙离家出走了

小龙是初中生，其父唯一的期望就是让儿子考进市重点中学，考名牌大学。“能考进市重点高中就等于一只脚已经踏进了清华的校门”，但没有想到的是在这区重点读初中的小龙中考时没有发挥好，以几分之差没有进市重点高中，被普通高中录取。为这他心理压力很大，常常是不思饭食，话也少多了……其父不但没有给予安慰和鼓励，反而破口大骂：“落到这样的学校，你还有脸见人……”

小龙在新的学校里，学习认真努力，在高中一年级结束总评时，他的各科总成绩，名列全班第一，年级第三，受到学校的表扬。当小龙满心欢喜地把这个消息告诉爸爸时，希望得到肯定和鼓励。可爸爸的回答是：“在这样的垃圾学校里，考第一第二有什么用，这也比不上重点校最差的学生，你有什么可高兴的？真是没有出息的东西……”这些话在他火热的心上浇了一盆凉水，小龙伤透了心，从此他的情绪越来越低落。据小龙的班主任反映，课间同学们都奔出教室追逐戏耍，小龙却坐在教室里埋头写作业；课外活动同学们都在操场上兴高采烈地从事各项活动，唯独小龙常常是紧锁双眉站在一边发呆；课堂上注意力不集中，经常走神，不知他在想什么，和刚入学的时候大不一样……

高二第一学期小龙英语不及格，父亲把他臭骂了一顿，拒绝在英语试卷上签字。小龙哭了，而且哭得很伤心，当晚没有吃饭，很早就睡了。第二天，天刚放亮他就出门走了。他没有去上学，而是离家出走了。两天后找到他时，他手里还拿着那张不及格的、父亲没有签字的英语试卷，在一个被废弃的水泥管子里睡着了，脸上还留有泪痕……

家长关心孩子的健康是人之常情，是应该的，但对“健康”缺乏正确的理解。世界卫生组织对健康的定义是：“健康，不但没有身体缺疾，而且有完整的生理、心理和社会适应能力。”我国著名的医学家付连璋认为健康应包括下面内容：

1. 身体各部分发育正常，功能健全，没有疾病。

2. 体质坚强，对疾病有高度的抵抗力，并能刻苦耐劳，经受各种自然环境的考验。

3. 精力充沛，头脑清醒，全神贯注，工作和学习效率高。

4. 意志坚定，情绪正常，精神愉快。

以上论述说明，健康包括生理和心理两个方面，只重视生理健康，而忽视心理健康是片面的。如果你的孩子结实健壮，但情绪忧郁，经常无故紧张、烦恼、猜疑等，那就是一个不健康的人。

对于心理健康的重要性逐步引起人们的重视，青少年学生也体会到了这个问题。在一次中学生座谈会上，学生提出一个比较集中的问题是：“父母管生活，老师管学习，谁来管我们的情感？”一个因杀死父亲而被判死刑的19岁青年临刑前说：“我对天下父母最后说几句话，父母不但要在生活上、身体健康上关心孩子，而且应该也是最应该关心孩子的心理健康，因为心理健康才是真正的健康。”小龙的父母如果多关心一点儿孩子的心理问题，他就不会情绪越来越低落；也不会常常紧锁双眉站在一边发呆；也不会课堂上注意力不集中，经常走神；更不会英语不及格和离家出走。因此，做父母的应从重身体健康轻心理健康的误区中走出来，真正关心孩子的健康。

六、“别人孩子有的，我们孩子也要有”

——如何选购辅导资料

每当暑假前后是家长孩子选购辅导资料的高峰期，因为孩子或进高一级学校，或进高一年级学习。但是选用什么样的辅导资料对孩子适用，可以说绝大多数家长心中无数，带有极大的盲目性。一般都持“从众心理”，即别人的孩子选什么辅导资料，我也选什么。父母应该明白选用辅导资料是帮助自己的孩子学习，提高学习成绩。因此，针对性是选用辅导资料的关键所在，也是最基本的原则。

“别人孩子有的，咱们英子也得有”

一天，笔者在书店看见一对青年夫妇带着女儿在选购学习辅导资料。面对各种辅导资料，一家三口人不知选购什么好，围着书台转来转去，翻翻这个，看看那本……

“英子，买什么你自己选。”爸爸开了口。

“我也不知道选什么好。”女儿面带难色。

“她还没有到中学报到，能知道买什么好吗？”妈妈为女儿辩护。

“你们同学买什么，你不知道？”爸爸问。

“他们都买了好多本，我哪记得住啊。”

“你想买什么就买什么，别人孩子有的，咱们英子也要有。”妈妈发话了。

“那也不能瞎买，买了没有用呢？”爸爸反问。

“那你说怎么办？”妈妈也没词儿了。

做爸爸的没有再说话，站在一边看着女儿在不停地看这，翻那……

为孩子选购辅导资料，要克服盲目性，提高针对性，下面的建议可供参考：

根据孩子的学习水平选用辅导资料。运用辅导资料的目的在于帮助孩子提高学习成绩，但它只是辅助手段，而不是必用，选用不当就会成为孩子的负担，而干扰学习。跟上老师讲课都有一些困难的孩子，主要是领会和掌握老师讲的书本知识就行了，他没有精力学习辅导资料：学习水平一般的孩子，还有一定的精力，可选用对孩子学习有实际帮助的辅导资料，但不要过多，更不要过难；学习优秀的孩子，不满足老师讲的书本知识，有时间，也有精力学习，可选用有一定难度的辅导资料学习，以丰富知识，进一步提高学习水平。选用的辅导资料要精，而不在于多。

不要选用全科辅导资料。学生学习的科目有多门，相应的辅导资料也不少，要根据孩子的实际需要选用，如兴趣、爱好、特长、能力等，万不可所学习的科目都选用辅导资料。如果没有特殊的兴趣和爱好，一般选用主科资料就可以了。像读初一的英子最多选用语文、数学、英语三种就足够了，没有必要选用其他科目的辅导资料。否则辅导资料不但不能帮助孩子学习，提高成绩，反而成为孩子的负担。

不要重复选用辅导资料。在书店,同一样科目的辅导资料，少则有几种，多则有几十种，选用时就用一种，用了一段时间感觉不理想，可放弃，选用另一种，同科目的不要同时选用多种。有的学生见老师手里有好几种，就照方抓药，这完全没有必要。老师有驾驭多种资料、从中选优的能力，而中小学生不具备这种能力，就是学习优秀的学生也很难具有这种能力，所以，选用辅导资料，求精，不求多。

选用辅导资料应请教同科教师。当学生不清楚选用什么样的辅导资料为好时，家长应建议孩子请教老师，老师会推荐适合学生应用的辅导资料，这样针对性会更强一些。当然也可以向高一年级同学请教，根据他们的感受和体会介绍较好的辅导资料。因此，英子还没有进初一课堂就急着买辅导资料，这完全是盲目的，缺乏针对性，也就不会买到好的辅导资料。

严禁选用教师教学参考资料。教师的教学参考资料是供老师备课用的，为教师的教学提供思路，提供参考。学生学习的过程不只是掌握文化科学知识，重要的是在学习过程中培养自己的观察能力、想象能力、记忆能力、思维能力……如果不用动脑就从教师的参考资料中得到一些问题的答案，这会大大降低学习的主动性和创造性，从孩子的长远讲会影响他的学习能力。再说，教师的教学参考资料绝大部分学生是看不懂的，故不选用为好。

注意辅导资料的质量。在一些地方出售的辅导资料，其质量存在不少问题：有的是编著者东抄西抄拼起来的；有的是虚构的《高考满分作文集》这样的资料很吸引家长和学生，但据官方证实，高考满分作文从不对外公布，这个文集中的作文都是假造的；有的印刷粗糙，错误百出；还有的是盗版的……因此，为保证辅导资料的质量，真正对孩子的学习起到帮助作用，要慎重选用辅导资料。

七、涛涛该不该请家庭教师

——请家庭教师的针对性

不少做父母的为了孩子的学习不惜重金请家庭教师。自己的孩子该不该请家庭教师，请什么样的家庭教师，这应该是父母认真思考的问题。

涛涛该不该请家庭教师？

赵先生的儿子涛涛聪明伶俐，在读小学期间，虽不是学习的尖子生，但也是班里的前几名。上中学半年后，赵先生不惜重金，请了三位家庭教师，辅导儿子的不同学科。一个学期过去了，儿子的学习成绩并没有多少变化，只是作业本上的红“×”越来越少，红“√”越来越多。

赵先生向从事教育的朋友许先生请教，涛涛该不该请家庭教师？一生从事教育的许先生认为，根据涛涛的聪明程度和实际学习能力，完全能自己学习好，没有必要请家庭教师。否则涛涛会产生依赖心理，降低学习的主动性和创造性，从长远讲这反而害了孩子。

听了朋友的建议，涛涛升初二后再没有请家庭教师，开始涛涛还有些不高兴，但没有多久就习惯了，每天晚上都在认真学习。一个学期下来，赵先生担心的事并没有发生，儿子的学习成绩不但没有下降，而且各科目都有了不同程度的提高。更主要的是儿子学习的主动性提高了，不但不用催着去学习，还要提醒他晚上早点儿休息……

发生在赵先生家的事说明，不能盲目请家庭教师辅导孩子学习。请家庭教师是提高孩子学习成绩的辅助手段，它是否起到应有的作用，关键是要有明确的目的性和针对性。什么情况下请家庭教师为好呢？

教基础知识。其对象是学习困难的孩子，因为智力水平不高，反应比较慢，跟不上相应阶段教学大纲的要求。请家庭教师的目的在于为孩子补知识，打基础，能跟班完成学业，这很可能需要较长时间来补习才行。或者是暂时学习困难的孩子，这样的孩子智力正常，或生病缺课，或因转学不适应新的环境等而学习困难，这也需要家庭教师补课，等孩子能跟班学习时就可终止。教基础知识的家庭教师，只要具有相应的知识即可，如大学生、在职教师。

教思路。对象是学习优秀的孩子，这样的孩子，为了进一步发展，使学习的水平和能力更提高一步，也可以请家庭教师。教师不是教知识，而是教相应学科中解决问题的思路和方法，它会起到“听君一席语，胜读十年书”的作用。这样的家庭教师不用经常请，而是根据孩子学习的需要不定期地请，对孩子的学习起“画龙点睛”的作用。所以，对教师的要求比较高，只有相应的知识是胜任不了的，必须具有一定的教学研究和教学经验的教师才能承担。

教特长。对象是对某学科有一定的兴趣和特长的孩子，如计算机、绘画、琴……可请相应的教师辅导，目的在于提高相应特长的水平和能力，使其特长得到进一步发展。这样的家庭教师根据孩子的实际需要定期或不定期请都可以，但教师不仅有相应的知识和特长，而且要具有一定水平和辅导能力，否则不起作用。

教应考。对象是初三和高三的学生，家庭教师的职责就是指导孩子应考，考出实际水平，甚至超水平发挥。这样的家庭教师必须是从事初三和高三教学或指导中考和高考的教师，不但有相应学科的全面知识,更重要的是有指导应考的丰富经验。这个辅导不是猜考试题，而是从相应学科的系统性、重点和难点指导孩子去把握；还要辅导孩子以一个平常心去应考，克服紧张情绪等。

请家庭教师，针对性极为重要，如果给学习优秀的孩子教基础知识和查看作业，会影响学习积极性，形成依赖心理；如果给学习困难的孩子教思路，要求过高，容易产生厌学情绪；给一般孩子教特长，容易产生对立情绪，因此，请家庭教师要认真对待。

八、孩子对辅导班的感受

——报辅导班要考虑孩子的感受

周六、周日是双休日，应是全家欢乐休闲的日子，可不少家庭这两天更忙碌，父母带着孩子奔走在各校外辅导班，寒暑假更是如此。所以有人无奈地称中小学生的暑假是“第三学期”。

孩子报辅导班往往是家长的主观意向，很少考虑孩子的感受，这是辅导学习效果不佳的根本原因所在。

听听孩子们对辅导班的感受：

“我的学习成绩很好，可妈妈为我报了几个辅导班，讲的全是教科书上的内容，有的还不如我们老师讲得好，我不想去，可妈妈说再复习一遍也是好的，真无奈……”

“……星期日也不能多睡一会儿，要挤车上辅导班。一天到晚学这学那，就是不让玩，真没有劲。”

“我是高三学生，从上小学起就不停地参加校外辅导班，现在想起来对我的学习没有多大帮助。只有我爱好的书法辅导班让我有很大提高，直到现在我每周日还去学半天。现在我学习很紧张，学累了写几个字是我休息的一种有效方式。”

……

家长给孩子报辅导班时的误区：

盲目性。在家教咨询中遇到一位小学生的母亲，她从事中学英语教学。但她小学五年级的独生子英语学得不好，为此她为儿子报了校外英语辅导班。一个学期过去了，成绩没有提高。我问她：“你是英语老师，为什么不自己辅导，要花钱送出去学习？”她想了半天说：“外面教的应比我好些吧？我也说不清楚。”这就是一种盲目性，完全没有针对孩子的真正需要报班学习，所以学习的效果不会有多大成效。

从众性。一位同事小学四年级的儿子学习成绩一贯优秀，在班里表现突出。但在暑假他给儿子报了三个辅导班。我问：“你儿子学习那么好，为什么还要报辅导班？”“许老师，您不知道，现在大家都在这样做。”这样的家长受从众性支配，选择辅导班没有针对性，等于浪费了孩子的时间。

强行塑造。一天，心理咨询室来了一位学生家长，她焦急地说她的女儿非常喜欢上学，就是不愿意上校外辅导班。我问："你给女儿报了什么班？什么时候学习？""每周一、三、五晚上英语，二、四晚上数学，周六上午学钢琴，周日上午学跳舞。""你给孩子报这么多班有必要吗？""老师，现在社会竞争这么厉害，孩子上不了好大学就找不到好工作。特别是女孩子。所以我对她从小加强培养，虽然她和我都很辛苦，但这对她将来有好处。"这就是通过强化训练，塑造孩子光辉前程的做法，其结果是孩子的负担重，心理压力大，效果也往往事与愿违。

其实我们并不完全反对孩子参加校外辅导班学习，但我们强调的是参加辅导班要有明确的目的性和针对性。所以，参加辅导班学习要认真考虑下面诸情况：

补基础知识。有的孩子因病、因事、因转学不适应等，造成学科基础知识差，跟班学习有一定的困难。为了使孩子打下牢固的基础知识，可以请家教，也可以参加针对性较强的辅导班学习，目的在于补基础知识。学习没有困难的孩子参加这种类型的辅导班是多余的。

发展特长。有些孩子有某方面的兴趣，也表现出一定的特长，这时家长可送孩子到相应的辅导班学习，进行强化训练，目的在于提高水平，发展特长。孩子将来是否从事这方面的职业不是很重要的。参加这样的学习，不仅能培养孩子的一技之长，也有利于发展孩子的智力，促进其他科目的学习。

丰富业余生活。有的孩子不一定有什么特长，但有一些爱好，如踢足球、唱歌、跳舞、电脑、摄影……父母也应支持孩子参加相应的辅导班，目的在于培养课外兴趣，丰富孩子的课余生活。这样孩子的需要能得到满足，使之心情舒畅，精神愉快，学习时也有一个良好的心理状态，以促进整个学习效率的提高。

参加校外辅导班学习还应注意几个问题：

报班时要考虑孩子的态度。参加辅导班是孩子自己的事。学习效果如何，在很大程度上取决于孩子的态度。因此，父母在为孩子极辅导班时，必须考虑孩子的意见，征得孩子的同意，万不可完全由父母决定，把父母的意愿强加给孩子。

不盲目参加。参加辅导班学习是为了帮助孩子提高学习成绩，发展特长。要达到这个目的，做父母的必须研究孩子的学习状况、能力和特长，再针对性地决定参加什么辅导班好，而不能盲目地追随别人致使孩子的学习效果不佳。

不要同时参加多个辅导班。媒体曾报道这样一件事：张女士的儿子从幼儿园起就表现得聪明出众，经专家判定智力超常，智商 140。张女士特别高兴。儿子上小学后，她为儿子报了多个辅导班，从周一到周五的晚上，双休日全天都参加辅导班学习，结果儿子在小学三年级留级，不但各门功课成绩很差，而且精神恍惚。张女士不明白，聪明的儿子为什么会变成这样呢？其实道理很简单，孩子虽然智力超常，但他还是个不满 10 岁的孩子，还很不成熟，承受能力也很弱，过重的学业负担压垮了孩子。所以，为孩子报辅导班时，一定要考虑孩子的承受能力，不能同时报几个班，如果需要，报一至两个班就行了，因为他还有学校的学业负担。

不要占据孩子过多的学业时间。辅导班完全是在孩子的课余时间学习，而课余时间也是孩子要玩耍、活动、休息的时间。如果课余时间全用来参加辅导班学习，孩子不能得到充分的休息，也满足不了玩要的需要，整天拴在学习的车轮上不停地转动，其结果必然会引起抵触情绪，严重的会厌学。

要考虑离家距离。有的家长为了给孩子报一个自认为理想的辅导班，不惜时间带孩子远距离学习，早出晚归，大量时间花在路途上，这是不可取的。

九、生活委员就比中队长差吗?

——消极攀比

攀比是人们很普遍的心理现象，许多做父母的经常拿自己的孩子与别人家的孩子相比，这本无可非议，但比什么？怎么比？这不能不引起做家长的思考。

生活委员就比中队长差吗?

心理咨询室走进一位面带愁容的少年。她诉说了积压在心中很久的苦恼。下面是我们对话中的一段：

“我妈老说，我什么都不如小红。”

“小红是谁？”

“是我们家邻居的孩子，是我同班同学。”

“你妈认为你哪些方面不如小红？”

“每次考试，小红语文和数学得双百的时候多，我数学也经常得一百分，就是语文得一百分的时候少，差几分。”

“不就是差几分吗？”

“差几分？差一分我妈也认为我不如小红。”

“你自己觉得你的语文就比小红差吗？”

“不是的，我的作文老师经常在班上读。”

“小红的作文也在班上读吗？”

“有时也读，但比我少多了。”

“噢，你妈还认为你哪些方面不如小红？”

“她说，小红是中队长，我只是个生活委员。老师，您说，生活委员就比中队长差吗？”

“生活委员也是班干部，和中队长一样是为同学们服务的啊！”

“我们老师也这样说，我也是这么想的。我负责班里的卫生，我们班一直是卫生先进班。卫生先进红旗没有离开过我们班。”

“这表明你的工作很负责！”

“老师也这样说。”

“老师也认为你比小红差吗？”

“不是的，我们老师可好啦，她对我妈妈说，我和小红一样都是好学生。”

“你妈妈怎么说？”

“我妈说，我再好，小红的语文考试分比我高，她是中队长，我只是个小生活委员。”

“你是不是觉得有点儿委屈？”

“不是有点儿委屈，委屈大了。在我妈看来，我什么都比小红强，她才有面子……”

“我在学校都很高兴，回到家听我妈妈没完没了地叨唠，我就心烦……”

攀比有积极的一面，也有消极的一面，关键在于如何相比。

横比是消极的比。在日常生活中，经常听到一些做父母的教育自己的孩子时说：××学习成绩比你好，比你有出息……这时多数孩子低头不语，表现出自愧。这样比的结果，越比孩子越没有自信，因为你的孩子再听话、再努力，也很有可能永远赶不上学习最优秀的同学。所以，拿自己的孩子和别人的孩子相比，这是横比，是一种消极的相比，会完全比掉你孩子的优点、长处；比掉你孩子的斗志和自信。这种相比是不科学的，万不可取。

纵比是积极的比。我们提倡孩子自己和自己比，即纵比。孩子的现在和过去比，今天和昨天比，只要有一点儿进步就肯定就表扬。上学期作文没有得到过表扬，这学期表扬了一次；上次考试不及格，这次考试得65分；昨天数学错了四道题，今天只错了两道题……这就是进步，这就是成功，应肯定和表扬。这样积少成多，慢慢你的孩子就会有大的进步。这是一种积极的比，比出孩子的斗志、动力、自信和进步。

孩子是夸出来的。喜欢表扬是人的普遍心理，少年儿童更是这样，这是进步的动力。所以，无论你的孩子有多大缺点，学习有多差，他总是有优点和长处的。你作为父母首先应该看的是孩子的优点和长处，及时肯定和表扬；而不是先看到孩子的缺点和不足批评。只有这样孩子才能抬起头来去努力，去奋斗，也才会有进步、有成功。

十、周宇的渴望

——家长·孩子·电视

在我们接待的家教咨询中，不少做父母的提出一个共同的问题：如何对待中小学生，特别是小学生看电视的问题。这确实是引起家长思考的具体问题。

周宇的渴望

一天中午，小学四年级的周宇对少先队大队辅导冯老师说：“冯老师，今天晚上电视里放《数码宝贝》，您能帮我看吗？明天讲给我听好吗？”并以渴求的眼神望着老师。

冯老师很奇怪地问：“你为什么不自己看？”

“我妈妈不让我看电视。”他显得很沮丧，说着低下了头。

“噢，好吧，老师一定好好看，明天讲给你听，高兴吗？”

“高兴，太好了！”他拍着手跑了。

看着周宇高兴的样子，冯老师心里不是滋味，不明白，做妈妈的为什么不让孩子看电视？

几天后，我们约见了周宇的妈妈。做母亲的对孩子期望很高，管教也很严。在交谈中，当谈到孩子看电视时她说：“从周一至周六不许周宇看电视，主要用来学习。在一周之内表现好，没有受到老师的批评，周六和周日晚上允许看电视，表现不好，周六周日晚上也不准看电视……”

据班主任反映，周宇是个很聪明的孩子，由于他的母亲坚持棍棒教育，经常打他，所以周宇形成了两面性格，在家里是个听话的“乖孩子”，可在学校发泄心中的不愉快，突出的表现是不守纪律，我行我素，不服老师的教育，所以，经常受到各科老师的批评，这样他一个月也看不了两次电视……

在我们接待的家教咨询中，不少做父母的也提出不知如何处理好孩子学习和看电视的关系，这确实是值得思考和研究的具体问题。

家长对孩子看电视的态度，归纳起来大致有下面几种：

一是不让孩子看电视，父母看电视。所以有的孩子说："我爸爸妈妈关着门在大屋看电视，我在小屋半开门听电视，他们看什么电视我都听得清楚……"

二是不让孩子看电视，父母轮流看电视。有些做父母的为了陪孩子读书和自己看电视两不误，夫妻采取轮流制。今晚你陪读，我看电视；明天我陪读，你看电视。

三是父母管不住，放任孩子看电视。孩子什么时候看电视就什么时候看，想看什么就看什么。时间没限制，内容无选择。"唉，怎么说，他都不听，放学回到家先开电视，看起来没有个完，经常是作业完不成……"

四是从不开电视。为了孩子学习，也为了保护孩子的眼睛，少数家庭从不开电视。孩子只能从别的小朋友和同学那里知道电视里所播放的内容。

五是有选择地让孩子看电视。对孩子看电视，时间上有限制。内容上有选择。

家庭应如何对待孩子看电视？

一是应允许孩子看电视。对成人来说，看电视主要是为娱乐；对孩子来讲，特别是中小学生看他们最爱着的动画片等，可以丰富知识，引发思考，还能从中明辨是非、善恶、美丑等。这不但有助于孩子智力发展，也从中得到如何做人的启迪。

二是应让孩子有度地看电视。允许孩子看电视，并不是无原则地放纵孩子看电视。特别是上幼儿园的孩子、小学生自制能力差，这就要求父母对孩子看电视的时间有所限制，内容上要有选择。建议可以这样做，电视报送到，先由孩子选择每天要看的电视节目，再由父母审定。审定必须考虑三点：①看电视不能影响完成作业和有效学习；②内容必须适合孩子的年龄特点；③看电视不能持续时间过长，更不能影响睡眠。

三是应指导孩子看电视。小孩看电视往往是图热闹，幼儿和小学生更是这样。为了达到看电视既娱乐又受到教育的目的，有条件时父母应与孩子同时看电视，在看的过程中和看后提出一些问题让孩子思考，也可以进行争论，让孩子畅所欲言，尽量发表他的看法，哪怕是错误的，这对孩子的智力开发是十分有益的。

四是孩子不看电视，家长也不能看电视。当孩子读书学习和写作业时，父母也应读书看报，或做家务活，让屋门都打开，这样孩子看到父母在学习或做事，为孩子树立了榜样，他也就比较安心学习，效果也会好。如果孩子学习时父母关门看电视，会直接影响孩子的学习情绪和效果。

以上是家长应思考的十大问题，也是在教育孩子时必须面对的具体问题。另外还有，孩子的消费、劳动、男女孩交往……都需要做父母的认真对待。家庭教育是一门科学，家长要坚持正确的教育观，持科学的教育方法，走出家教的误区（见附）。

附：家庭教育应步出误区

当今社会，人们对家庭教育的重视进一步提高，教育孩子成了不少家长们工作之外的头等大事。然而由于一些家长不懂得根据孩子的心理特点教育孩子，致使家庭教育步入误区，严重影响了孩子的身心成长，同时也给应试教育向素质教育的转化增加了难度，因此，应引起全社会的高度重视。本文试列举一二：

（一）硬性塑造，以自己的主观愿望为孩子设计人生

一些望子成龙的父母根本不考虑孩子的身心特点和兴趣，硬性塑造，小到一言一行，穿衣吃饭，大到职业、婚姻，都要求过高，限制过多，不给孩子一点儿自由，也不考虑孩子的愿望。有的家庭为了让孩子成才，一个假期让孩子上几个学习班，孩子没有时间玩耍，不能让身体放松一下。而孩子作为一个生命体，具有自我成长的天性和潜能，他不是一团泥，想怎么捏就怎么捏。尽管父母为孩子的前程费尽心机，但多数孩子并没有成为他们所期望的“龙”，也没有按他们设计行走人生之路，带给孩子的只有心灵上的重压甚至伤害。比如一个男孩画了一幅漫画：一只山羊在弹钢琴，后面站着一条大灰狼，以此表现妈妈强迫他学习钢琴的情形。又比如，一些孩子由于父母平时要求过于严格，期望过高，一到重大考试就如临大敌，紧张焦虑，平时的水平发挥不出来。

（二）重视文化素质的提高，忽视心理素质的培养

心理学家经过大量的调查证明：在影响人成功的因素中，心理素质起了决定性作用。一个人心理素质的好与不好，有遗传影响，但主要是后天培养，其中家庭教育是最关键的。然而一些家长只知道让孩子学知识，只关注孩子考试的成绩，对孩子的心理需要和心理素质则知之甚少，考虑甚少。需要注意的是，目前棍棒教育的家庭不多了，但心理虐待明显增多。如一些父母动不动就给孩子加上各种帽子：“你真笨，你没治了，你让妈妈跟你丢人……”有的限制或跟踪孩子和同学交往。岂知孩子虽小，但心灵和成人是相同的，因此更需要父母的尊重、

理解和称赞！心理学家提醒人们，心理虐待对孩子的伤害远远大于身体惩罚，有的甚至成为心理疾病的根源，影响孩子一生。

（三）重说教，忽视自身形象对孩子的影响

对孩子来说，父母的行动比语言更有价值。然而在现实生活中，一些父母说得多，做得少；说得好，做得差，给孩子带来很大困惑。孩子到了青春期以后，由于接触增多，自我意识增强，开始以批判的眼光重新看待父母，因此稍不注意，便容易引起孩子的厌恶甚至憎恨，损害了父母在孩子心中的形象和尊严。比如有的父母对孩子说学习多么重要，而自己整天打麻将；自己动不动就顶撞老人，而要求孩子顺从。尤其值得注意的是，一些夫妻关系已经名存实亡的家庭，因害怕伤害孩子而勉强维持着，父母的虚伪往往令孩子十分反感。

（四）教育方式严重分歧，影响孩子人生观和价值观的形成

随着孩子的成长，他们的人生观和价值观逐步形成。这就需要父母在对孩子的教育态度和方式上基本保持一致，使孩子在一定的约束中形成比较稳定的是非观，并进而形成自己的人生观和价值观。令人遗憾的是，一些家庭教育态度和方式严重分歧，一方严格，一方溺爱；一方让孩子出去了解世界，增长才干，一方把孩子锁在家里为考个好分数熬夜……特别是目前，我国有相当一部分老人在抚育第三代中承担着主要角色，他们往往不加分析地满足孩子的一切需要。在这样家庭中长大的孩子自私、专横、自控能力差，且没有稳定的人生观和价值观，因此很难有所作为。

（五）忽视对孩子进行科学的性教育，使孩子出现性压抑或性过失

对孩子进行科学的性教育是家庭教育的重要组织部分，父母有责任也有能力做好这件事。然而，一些父母常常把性教育与成人的性行为等同起来，认为是不能公开的隐私。还有一些父母担心性教育会诱发孩子的性过错。当儿童向父母询问一些与性有关的问题时，多数父母不是训斥孩子，就是糊弄孩子。殊不知这正是向孩子进行早期性教育的很好时机，他们不懂得处于青春期的孩子更需要也更珍视与异性的友谊，同时在与异性交往中迅速成熟起来。

（六）“树大自然直”，逃避父母应尽的教育责任

没有良好的家庭教育，孩子不可能成为有益于社会的人才，这已成为大多数人的共识。然而一些父母忙于工作，或忙于挣钱,而把孩子的教育放到了一边。有的认为“树大自然直”，让孩子放任自流，也有的借口自己文化水平低，逃避教育孩子的责任。心理学认为，孩子早期形成的不良习惯，如不及时纠正,长大以后很难改掉。还有一些父母,因为孩子偶尔出现过失，或进步没有自己想象的快，便认为孩子不可救药，放弃对孩子的管教。重要的是父母能够理解孩子，并鼓励乃至帮助孩子战胜困难，走出困境。印度民族英雄甘地曾偷家里的钱买烟吸，当他觉察到自己的行为见不得人并为此痛苦时，他给父亲写了一封信。父亲看了以后，久久地凝望着他，两行热泪像断了线的珠子滚落下来。甘地从此痛改前非。事隔多年，他谈到那段经历，感慨地说:“当时，是父亲那崇高的宽容态度挽救了我。”

家庭教育作为未成年人教育的重要组成部分，直接关系到我们民族的未来，要取得理想的效果，就要切实把它当作一门高超的学问。引用我国著名教育家陶行知先生的一句话与天下父母共勉：“发现你的小孩，了解你的小孩，解放你的小孩，信任你的小孩，变成一个小孩。”

（赵银起）

参考文献

1. 姜晓辉 . 智力全书 [M]. 北京：中国城市出版社，1997.

2. 国家教委中央教科所德育研究中心 . 德育实用全书 [M]. 北京：中国民主法制出版社，1997.

3. 纪秩尚 . 家教百例 [M]. 北京：宇航出版社，1989.

4. 卢勤 . 写给年轻妈妈 [M]. 北京：中国妇女出版社，1996.

5. 许瑛国，刘岩 . 健康——中小学生心理保健 [M]. 长春：吉林人民出版社，2005.

6. 燕国材 . 智力与学习 [M]. 北京：教育科学出版社，1982.

7. 王极盛 . 智力 ABC[M]. 北京：北京出版社，1981.

8. 赵忠心 . 小学生家长必读 [M]. 北京：华艺出版社，1988.

9. 范崇燕 . 成才者的家庭教育 [M]. 北京：北京科学普及出版社，1990.

10 林炜彤 . 过重负担给孩子带来什么 [J]. 文汇报，1997.

11. 关疑 . 父母高期望动力还是压力 [J]. 北京晚报，1997.

后 记

《父母——孩子健康成长的基石》到此就止笔了。当你读完它的时候，对开头“引子”中提到的问题是否有了答案呢？你对家庭教育的重要意义是否有了新的认识呢？如果是，作者就感到很欣慰了，让我们共同努力教育好你的孩子，教育好祖国的未来。

最后，让我们共同读一读古今中外名人和教育家们对父母和家庭教育的论述，作为本书的结束语。

称职的家长，在孩子心目中，除了应该具有“爸爸”“妈妈”的威信之外，同时还应该获得兼作他们的最可亲近的朋友的资格。

——马克思

社会交给每一位父母……一个庄严的责任；教养我们未来的公民，使他们诚实、勇敢、爱工作、爱祖国、爱同胞，并且有同志般的友爱精神，这是一个不能轻率对待的责任，也不能采取冷淡态度对待的事情。我们每一个人必须尽全部力量使我们具有上述的品德，然后我们才能教育我们的年轻的一代，使他们具有这种品德。

——宋庆龄

假如你将来不愿意悲伤，那就不要忽视你们孩子的任何一种极细小的行为，不要因为自己爱孩子就变成瞎子和聋子。

——列宁

正确教育子女的方法，我以为最主要的应该是爱和严相结合。

——吴玉章

父母对自己的要求，父母对自己家庭的尊敬，父母对自己一举一动的检点：这是首要和最基本的教育方法。

——马卡连珂

人生当中最危险的一段时间是从出生到12岁。在这段时间中还不采取摧毁种种错误和恶习的手段的话，它们就会发芽滋长，以致以后采取手段去改的时候，它们已经是扎下了深根，以致永远也把它们拔不掉了。

——卢梭

家庭生活的乐趣是抵抗坏风气毒害的最好良剂。

——卢梭

父母是天然的教师。

——克鲁普斯卡娅

家庭教育是最微妙、细腻，最有感情的爱的教育。

——范崇燕

家庭教育是最有感情的教育，又是最直观形象的教育。孩子可以从家庭成员的相互关系和言谈举止行为中，从家庭成员与其他家庭的交往中得到教育并仿效而终身不忘。

——范崇燕

事实上，一切教育都归结为养成儿童的良好习惯，往往自己的幸福都归结于自己的习惯。

——洛克

解放儿童的头脑，使他们能想。

解放儿童的双手，使他们能干。

解放儿童的眼睛，不戴有色眼镜，使眼睛看到事实。

解放儿童的嘴，使他们能谈。

解放儿童的空间，不要把儿童关在笼中，使他们能到大自然，大社会里去扩大认识的眼界，取得丰富的学问。

解放儿童的时间和空间，不要把他们的功课表都填满，不逼他们赶考，不和家长联合起来夹攻他们。

——陶行知

把孩子看作孩子。大自然希望儿童在成长之前，就要像儿童的样子。如果我们打乱了这个次序，我们就会造成一些早熟的果子。

——卢梭

图书在版编目（CIP）数据

父母：孩子健康成长的基石 / 许瑛国编著. — 天津：天津人民出版社，2019.8
ISBN 978-7-201-15129-8

Ⅰ. ①父… Ⅱ. ①许… Ⅲ. ①家庭教育 Ⅳ. ①G78

中国版本图书馆 CIP 数据核字 (2019) 第 185989 号

父母：孩子健康成长的基石

FUMU : HAIZI JIANKANG CHENGZHANG DE JISHI

许瑛国 编著

出　　版　天津人民出版社
出 版 人　刘　庆
地　　址　天津市和平区西康路 35 号康岳大厦
邮政编码　300051
邮购电话　（022）23332469
网　　址　http://www.tjrmcbs.com
电子信箱　reader@tjrmcbs.com

责任编辑　谢仁林
装帧设计　凤凰树文化

制版印刷　天津雅泽印刷有限公司
经　　销　新华书店
开　　本　880 毫米 ×1230 毫米　1/32
印　　张　9.25
字　　数　205 千字
版次印次　2019 年 8 月第 1 版　2019 年 8 月第 1 次印刷
定　　价　54.00 元